CHEERS

与最聪明的人共同进化

HERE COMES EVERYBODY

CHEERS
湛庐

大部屋对齐工作法

LEADING WITH OBEYA

［荷］蒂姆·维格尔（Tim Wiegel）著　吴舜贤　译

浙江教育出版社·杭州

组织如何对齐目标、高效协作？

扫码加入书架
领取阅读激励

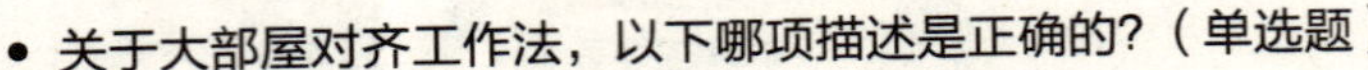

- 关于大部屋对齐工作法，以下哪项描述是正确的？（单选题）

  A. 仅适用于制造业

  B. 仅是可视化信息的展示

  C. 是管理团队和研发团队交流的平台

  D. 能够帮助组织更好地对齐团队和目标

扫码获取全部测试题及答案，
一起了解大部屋工作法如何
让组织快速对齐战略目标

- 公司开始实施大部屋对齐工作法时，不可或缺的角色是：（单选题）

  A. 外部顾问

  B. 团队负责人

  C. 人事总监

  D. 公司高管

- 大部屋对齐工作法与领导组织密切相关的原因是：（单选题）

  A. 它提供了一个舒适的会议环境

  B. 它能够应对组织的复杂性

  C. 它是一种新的管理操作

  D. 它强制团队使用特定的工作方式

扫描左侧二维码查看本书更多测试题

AI时代的战略领导力实践指南

付小江
苏州慧分享企业管理咨询有限公司
卓越运营首席顾问

当我在2023年第一次阅读这本书的英文版时，就被书中图文并茂的手绘风格和条理清晰的结构所吸引，当时还专门在公众号上写了两篇文章，分享初步阅读的感受。

首先，大部屋是很多企业实施精益管理的过程中常被忽视的关键一环。在国内企业热火朝天学习丰田生产方式或精益管理时，大部屋这一源自丰田的战略落地闭环管理的方式却被严重忽略了。我曾遇到过多家企业，尽管已经实施精益管理多年，但在收到国外总部要求企业建立大部屋机制时，却一脸茫然，不知所措。

其次，大部屋已不仅限于丰田的实践和丰田套路（Kata）[①]的应用，而是在全球不同行业企业的实践中，与敏捷开发、领导力培养等理念不断融合，并将战略部署和日常管理相结合，实现快速反馈和迭代，从而让大部屋的运作方式更有效。

最后，面对 AI 浪潮所引起的焦虑感和危机感，大部屋恰恰能帮助企业和个人掌握 AI 时代所稀缺的领导力，开辟新的可能性。当我拿到中文版书时，再次通读全文，有以下几点感受分享。

大部屋的核心逻辑：让战略可见、凝共识、愿讨论、能部署、有衡量、促行动。

> 如果你想造一艘船，你首先要做的不是催促人们去收集木材，也不是忙着分配工作和发布命令，而是激起他们对浩瀚无垠的大海的向往。
>
> ——《小王子》

书中详细阐述了如何在大部屋中通过 5 大看板实施战略落地的闭环管理。“引领成功的战略”看板可以帮助团队明确公司的愿景、使命、战略、目标等，这是组织运行的起点。“驱动绩效”看板将通过关键绩效的设定来衡量战略进展，从而明确组织处在目标实现过程中的哪个阶段。衡量的指标包括成果指标和状态指标。“解决问题”看板聚焦如何针对绩效偏差进行快速分析和纠正，并可以结合丰田的改善套路（Improvement Kata）[②]开展。“交付价值”看板从新的产品 / 服务的投资决策，价值流图的角度出发，聚

① 套路（Kata）：指一种结构化的实践流程或模式，用于培养和改善特定技能或行为。

② 改善套路（Improvement Kata）：是一种丰田持续改进的方法，它鼓励组织内的每个成员都参与到改进过程中。

焦核心改进项目。“行动与响应”看板可以按照敏捷开发的方法明确任务清单和各个任务的状态和进展，加速行动的执行。

通过大部屋的可视化看板平台，组织战略不再是空中楼阁，而是可以成为团队成员共同理解和执行的具体行动。

大部屋的核心价值：通过可视化、透明化、持续改进激发组织活力。

> 造车先育人。
>
> ——丰田

大部屋是释放组织潜力、培养领导力的修炼场。它通过团队互动的场域创造冰山之下静水潜流的效果，体现 7 项原则。大部屋为团队提供了通观全局的视角，有助于团队具备系统思维并明确职权。可视化地分享背景信息和问题，不只是把问题放在桌面上，也是团队解决问题的重要一步。在通过大部屋培养人才方面，大部屋不只是管理流程的可视化平台，也是将每个参与者的思考方式和响应行动可视化的过程，并且结合教练套路可以培养同频的领导者。针对 5 大看板的层级会议，运用井然有序的沟通机制来保持系统的运行，同时可以推动领导者标准作业（Leader Standard Work）。三现主义是一种反脆弱的做法，它避免太多可视化而导致对真实现场的忽视。持续改进不只是一次活动，而是团队的思考习惯。升级和反馈的方式保持团队对战略和目标的聚焦，并让每一个参与者都能充分分享他们的执行计划，以及需要怎样的支持资源。

企业在引入和推进大部屋的过程中，不仅要关注有形的 5 大看板，更要不断自省 7 项原则有没有深入人心，思考如何潜移默化地让改变发生。

“卷时代”企业生存的笨方法：分享变化、应对变化、适应变化、引领变化。

那些打不倒我们的，终将使我们更强大。

——尼采

当下中国的一些行业陷入了激烈的市场竞争，企业不仅要适应这种竞争，还要突出重围才能生存和发展。企业可以通过大部屋的方式和团队分享变化，凝聚共识，并激发团队的潜力，聚焦核心，应对变化。AI 更是在不断加速着方方面面的变化，大部屋对齐工作法将有助于培养企业在 AI 时代稀缺的领导力。

如果你的企业经常面临着战略难以落地、目标进展不明、团队沟通不畅、问题久拖不决的困境，大部屋中的 5 大看板将有助于你和团队厘清症结，在日常的沟通中解决问题。如果你的企业希望培养团队的战略领导力，建立持续改进的文化，大部屋运行的 7 项原则会是很好的抓手，让原则成为习惯，进而成为组织的能力。

这本书是国内首部全景式揭秘丰田等顶尖企业如何通过大部屋激发组织效能，将战略系统化落地的实战手册。5 大看板、7 项原则，将为每一位领导者提供洞见和实践指南。

超越丰田看板的全局式工作哲学

这是一本关于如何有效利用大部屋来领导组织的书，如果使用得当，大部屋能够极大地促进人类领导潜能的发挥。尽管我们已经认识到人类存在某些局限，但大部屋能够帮助人们在组织中采取必要的行动突破局限以实现目标。

大部屋，顾名思义，是一个“大房间”，我们在其中将工作与目标可视化，以适应我们的认知能力，从而最大限度地挖掘人类潜能，助力组织追求卓越与荣耀。我特别希望，那些致力于让世界变得更加美好的组织，能够受到本书的启发，通过采用大部屋的理念与方法，进一步增强其影响力。

说到荣耀，近期有谁在他们的组织中真正见证了荣耀时刻？我目睹了众多组织踏上了精益或敏捷的转型征途，他们或是奋力改进项目，以期突破，或是竭力维持现状，力求稳定。然而，鲜有组织在彻底转变其工作方式和思维方式上取得重大突破，至少在我所亲历的时段是如此。或许，这仅仅是因为我无意间成为某种“观察盲区”的见证者，而在我看不见的地方，正上演着其他更为成功的故事。

我见过许多组织和管理团队在看似相同的问题上苦苦挣扎。我很好奇你是否能洞察到这些问题中的核心所在：

- 召开无意义的战略规划会议，并生成后续文件，但这些文件最终只在内部网络上尘封，无人问津。
- 试图同时推动上百个项目，结果却分散了精力，最终一事无成。
- 因深陷“运营债务”（不断修复组织结构中的遗留问题）而陷入救火式的忙碌难以自拔。
- 管理会议冗长乏味、内容陈旧，缺乏实际价值，而这一点每个人都心知肚明。
- 各类报告堆积如山，几乎无人阅读，却仍给组织带来了沉重的行政负担。
- 部门之间孤立无援，缺乏合作，甚至缺乏基本的沟通。
- 通过不断增加 KPI 的微观管理，试图掌控组织中发生的每一件事，但往往适得其反。
- 声称人是最重要的资产，但实际上鲜有人能感受到这份重视。
- 声称采用了如敏捷这样的新型工作方式，但同时又固执地坚守旧有的组织结构和行为习惯，难以真正实现变革。

尽管偶尔会有团队或部门成功解决了这些常见问题，但这样的成功案例少之又少。每当它们发生时，消息便迅速传播开来，引得众多其他公司纷纷尝试复制其成功之道，并急于将这些经验应用到自己的组织中。例如，我们曾试图从丰田汽车公司（以下简称丰田）引进精益管理工具，从诺基亚借鉴 Scrum①，模仿 Spotify 的“小队”（Squads）②和“部落”

① Scrum 是用于开发、交付和持续支持复杂产品的敏捷框架。——编者注

② “小队”（Squads）是 Spotify 组织结构中的最小单元，由 6 ～ 12 人组成，拥有设计、开发、测试和发布产品所需的所有技能。——编者注

（Tribes）[①] 模式，目前我们正努力从谷歌学习并实践 OKR（目标与关键成果）。但是，正如所有复印件一样，复制的东西其质量总是难以与原件媲美，而且可能在经过一段时间后，其效果还会逐渐减弱。

我从没见过一个组织，从基层员工到高层管理人员，都决定要彻底改变做事的方式。但此刻，我的脑海中浮现出了荷兰的家庭医疗护理服务组织 Buurtzorg，以及巴西最成功的多元化经营公司 Semco。然而，当我们细数那些取得巨大成功的公司时，不难发现，其他许多公司正努力复制它们的成功模式，但往往在这个过程中遭遇了失败。

在这本书中，“大部屋”一词可能符合你对新概念的某种期待或理解。但事实上，大部屋并不是什么新鲜事物，它自 20 世纪 90 年代中期就已经存在。因此，从技术层面或历史发展角度讲，我们或许不能简单地将其定义为全新的概念。

但是，**仅仅使用大部屋或者任何一个大型可视化房间，并不会增加任何价值，除非你真正将那些支撑其背后的原则付诸实践。**这些原则实际上可以追溯到我出生（1981 年）之前。这些原则既简单又直接，当人们看到它们时会表示认同，但遗憾的是，一旦回到工作岗位，人们往往并未展现出任何改变行为的迹象。因此，本书试图解答的问题是：究竟是什么阻碍了我们应用这套完全合理且富有意义的工作方式？

本书并非要炒作一个新概念，因为它不会在短期内奇迹般地将你的运营团队转变为高绩效模式，也不会在季度结束前直接增加你的收入。本书将帮助你反思我们通常如何领导我们的组织。书中将探讨一系列极为深刻且有影

① “部落”（Tribes）是由多个小队组成的集合，规模通常在 40 ～ 150 人之间，为小队提供支持，同时保持小队的自主性和灵活性。——编者注

响力的原则，这些原则来自 20 世纪，历经了时间的考验，至今仍在商业文献中被广泛引用并不断更新。

你可能会在精益、DevOps[①] 或敏捷等管理方法中认出这些原则。然而，问题在于，我们尚未成功地为管理团队提供一种将这些原则有效付诸实践的方法。当前的领导力培训及相关书籍通常只提供宏观层面的原则。这些原则固然重要，但问题在于，我们常常受限于自身的习惯。我们阅读书籍、聆听故事，并努力遵循教练的建议，即使认同某些原则，但如果这些理论没有具体的实施方法，我们可能只会偶尔想想，然后继续我们一贯的做法。

重要的变革能带来更好的成果，这不是通过简单地给组织施加一个“咒语”就能实现的。更优质、更经济的医疗保健服务，可持续的住房解决方案，更高的利润率，以及那些能够超越竞争对手的汽车，并不会因为你启动了一个“修复”公司运营模式的计划就自动涌现。同样，这些积极成果也不会仅仅因为你的管理团队在领导力研讨会上受到启发就轻而易举地实现。即使你增加再多的人手，你的团队也无法因此就更快地工作。产品质量不会因为引入了更多的质量保证专家就自动提升。你的团队也不会因为雇用了更多的敏捷教练就变得更为敏捷。而你的管理团队，更不会因为你仅仅装饰了一个房间并称为大部屋，就立即转变为制胜团队。

我从制胜团队中学到的一件事是：**只有当你能够建立专注、一致且结构化的领导力，致力于培养团队，并将员工塑造成一支不断追求卓越、持续改进的队伍时，你才能实现组织的目标。**你必须为团队提供有意义的工作，让他们在为客户交付价值和实现组织目标的过程中获得成长和发展。你将在本书中通过我所采访的人物的故事和评论找到支持这一观点的有力证据。

① DevOps 由 Development（开发）和 Operations（运维）组合而成，是将二者结合的文化、运动或实践。——编者注

本书不仅深入探讨领导力的提升，也同样重视如何构建一个有助于团队协作和沟通的“大房间”（大部屋）。如果你不能在领导力层面改变自己的行为方式、思维模式以及态度，你将停滞不前。如果你已准备好迎接变革，那么请继续阅读下去。

LEADING
WITH OBEYA

目 录

LEADING WITH OBEYA

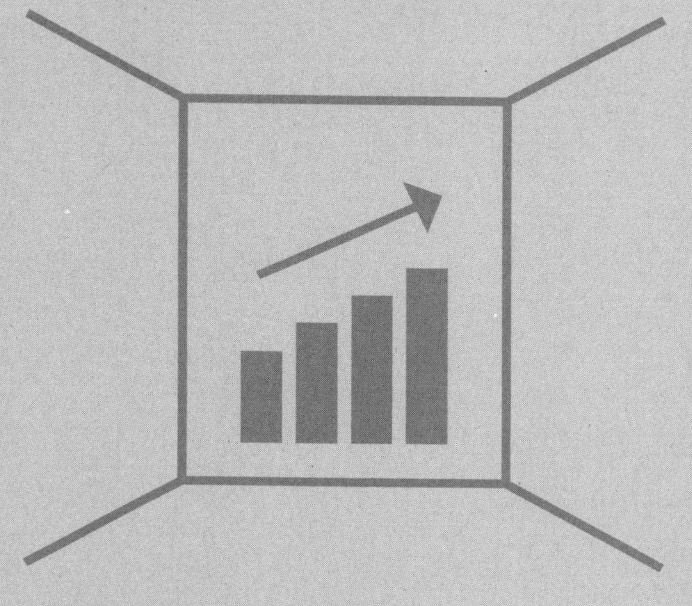

第 1 章

大部屋对齐工作法，从生产产品到领导组织

本书是为那些希望提升自身领导能力的人而写的，无论他们在什么行业或什么组织中。如果你希望通过每天进行有意义的活动来实现个人目标和战略目标，那么阅读本书将是一个极佳的起点。

虽然本书中的原则受到了精益[①]和敏捷思维的启发，但我们解释这些原则的方法非常实用，即使你尚未具备精益或敏捷的相关知识和实践经验，也能开始理解和应用大部屋，迈出提升领导能力的第一步。

什么是大部屋对齐工作法

Obeya（大部屋）这个词在日语中的含义是“大房间”。它之所以与日语有联系，是因为它最初起源于日本的企业管理实践，特别是在丰田制造普锐斯（Prius）等车型的过程中得到了广泛应用。

---

① 本书中采用的精益概念源自丰田家族所引领的丰田汽车公司，同时也参考了包括像大野耐一、詹姆斯·沃麦克和丹尼尔·琼斯、约翰·舒克、杰弗瑞·莱克等在内的一众作家的作品。这些作品描述了丰田生产系统（TPS）的运作机制，以及它为何能够取得成功。

管理层和运营团队在大部屋这个平台中，通过公开、可视化且相互尊重的方式交流，使组织战略的实现自然而然地融入日常工作中，这就是大部屋对齐工作法。如果运用得当，它能够有效地避免以自我为中心的政治斗争、模糊不清的优先级排序、低效的管理实践、职责错位、自我组织团队（Self-Organizing Teams）[①]的方向迷失，以及众多其他类型的传统管理问题。

挑战不可能达成的目标

丰田在 1993 年推出普锐斯时实践了大部屋。无论你对这款车的外观评价如何，都必须承认，丰田只用了常规时间的一半就交付了普锐斯，而且让它成为世界领先的混合动力汽车，超越了许多竞争对手。当时的挑战是，将油耗效率提升至普通汽车的两倍。为此，丰田组建了一个中心枢纽团队，并创建了大部屋，团队成员在那里紧密协作，共同开发这款汽车。

杰弗瑞·莱克（Jeffrey Liker）在 2003 年所著的《丰田模式》（*The Toyota Way*）一书中，讲述了普锐斯项目的总工程师（高级负责人）内山田武是如何创建大部屋的："总工程师的任务之一是他们需要全面了解项目的各个方面，以确保即使在开发车辆的不同部件时，也能清楚地知道各个部件如何协同工作，以及如何满足客户的需求。在以往的车辆开发系统中，总工程师需要四处走动，与不同的人员会面以协调各方计划和进度。"

普锐斯项目面对的挑战是要在几乎不可能实现的最后期限内，制造一款与他们以往制造的任何汽车都不同的产品。采用旧的研发方式，他们根本没有足够的时间来完成这一任务。因此，该团队需要在更短的时间内完成更多的工作，同时仍然坚守丰田所代表的质量承诺。"既然内山田武并非'无所

① 自我组织团队：指在没有外部指导或管理层干预最小化的情况下，团队成员能自主地分配任务、做出决策和协调工作的团队。——编者注

不知’，那么他能够采取什么策略呢？他围绕自己组建了一个跨职能的专家团队，并完全信赖他们。为了普锐斯项目，内山田武在大部屋内召集了专家组，定期审查项目的进展并讨论关键决策。”莱克在书中写道。

该项目的所有基础管理信息都被集中在一个区域内。对于普锐斯开发和制造的全方位系统信息，包括按时推向市场、燃油效率翻倍等关键指标的真实进展情况（见图 1-1），所有人都拥有了一个统一的视角和版本。

图 1-1　普锐斯的大部屋，共享 360 度项目信息

不同专业领域的员工和管理者在同一个房间里，通过可视化方式分享他们对产品和绩效的看法，共同构建了一个强大且富有意义的项目全景。跨职能的团队一起审视项目进展、相互学习，并迅速采取行动。通过将原型车信息与客户反馈集中整合于一处，他们得以专注于提升客户价值，并在团队中就即将交付的产品有了全面的共同理解。

丰田在普锐斯项目的实施过程中，巧妙运用了可视化管理手段，专注于探索并实践产品开发的最佳路径。这是一场充满挑战的探索之旅，旨在突破时间限制，打造出一款全新的汽车。面对层出不穷的问题，团队并未走捷径来寻找简单的答案，而是以前所未有的高效能姿态，全力以赴地投入工作中。

普锐斯在截止日期前两个月便成功亮相，而最初向团队宣布这一目标时，该截止日期几乎被视为不可能达成的目标，特别是对于那些从未涉足过此类创新项目的成员来说。丰田履行了他们的承诺，推出了一款燃油效率比同类汽油发动机汽车高出一倍的新车。更令人瞩目的是，其售价仅为 215 万日元（约合 15 万人民币），这一价格甚至低于媒体此前的预测。

杰弗瑞·莱克解释道："大部屋已成为丰田所有车辆产品开发系统中不可或缺的标准部分，这代表了跨职能协作领域的一项根本性创新，并且这一工作方式现已被复制到世界各地。"时至今日，普锐斯不仅稳居世界上最畅销混合动力车的宝座，在日本，它更是当代最为畅销的汽车之一。

开启领导组织之旅

在这本书中你会发现，我们不仅仅将大部屋视为一种可视化管理工具，而是进一步将其运用于提升组织领导力层面。之所以如此，是因为那些将经典管理活动转变为以大部屋为核心工作方式的团队，所经历的变化远不止于将视觉化信息简单地呈现于墙上。这种变革触及团队的多个层面，包括他们的工作方式、与同事的互动方式、会议召开的频率与效率、自我工作的检视方法、领导体系的重构、指导工作的新策略，以及你将在本书中发现的许多其他方面。在潜力方面，通过大部屋开启的领导组织之旅，有可能彻底转变为你所憧憬的领导模式。在本书后续讨论大部屋的部分，我们将这一议题置于领导组织这一更为广泛的话题背景下进行阐述。

与我合作过且使用大部屋的团队中，有一些来自非制造业。他们无法像制造汽车那样检查座椅的质量、置物箱的适配度或车门关闭时的声音是否良好。实际上，其中的许多团队来自诸如银行、公共服务、电信或广播等服务行业。因此，工作一线的大多数成员都是知识工作者，他们通常坐在桌前，面对着电脑屏幕。相比起房间里有一辆汽车原型那样可以直接看到、触摸并感觉的实物，知识工作者的工作内容往往缺乏实体呈现，理解和感知工作的全貌就显得更加困难了。

我曾协助管理团队创建大部屋，他们的产品并非有形的汽车，而是一个无形的目标：与运营团队携手实现既定的战略目标。因此，**大部屋的任务是帮助管理团队制定战略目标，并将团队的努力方向导向实现具体而明确的目标，同时将这个过程与组织中正在发生的各项事务紧密联系起来。**所以，从本质上讲，这是一个为领导组织而设的大部屋。我必须明确指出，它不仅适用于身处领导岗位的人，也适用于任何为达成战略目标贡献力量的个体，就像普锐斯项目能够拥有一支跨职能的协作团队一样。

管理层大部屋（Leadership Obeya）[①] 中展示的信息种类通常映射出组织的核心目标，涵盖战略层面的客户和干系人，随后是价值交付的详细规划和概览，以及组织为提升绩效以实现这些价值所采取的策略。通常，大部屋会被划分为多个看板，每个看板都采用定期且有序的会议模式，清晰指导管理团队何时以及如何高效利用它（见图 1-2）。

你会发现不同的大部屋拥有多样化的布局和设置。每个大部屋都独具特色，这取决于其创建者以及团队在其发展过程中所处的阶段（随着学习到更契合自身的工作方式，他们会在过程中不断调整大部屋的布局）。没有哪个大部屋的布置是绝对“正确”的，但确实存在一些被广泛推荐的组成要素，我们将在第 4 章深入讨论。

如今，大部屋正在全球范围内被各类组织采纳和应用。它不仅在产品开发领域展现出价值，还成功应用于波音、福特、耐克和荷兰商业银行等众多

---

① 管理层大部屋：指在广义上用于领导组织的大部屋。——编者注

不同类型的企业中。此外，这一工作方式在医疗保健、工业制造、金融服务和公共服务等多个行业内逐渐普及。对于大型跨国企业以及初创公司，尤其是那些正处于快速扩张阶段的企业而言，大部屋无疑是一种极具价值的工作方式。特别是在面对信息共享这一普遍性挑战时，大部屋能够发挥显著的积极作用。

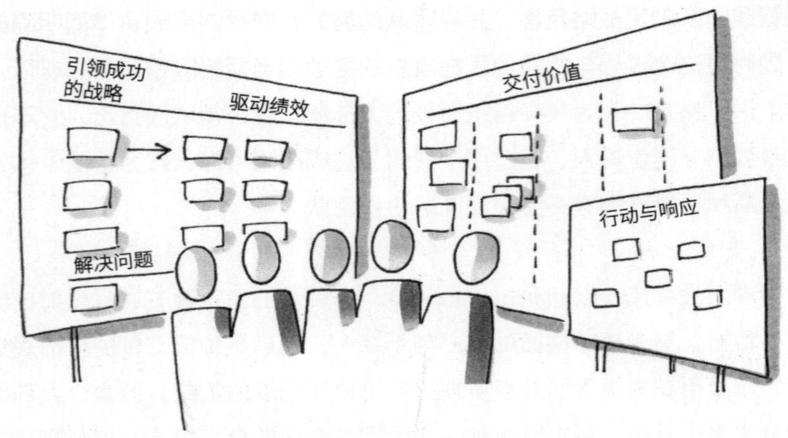

图 1-2 大部屋中用于领导组织的区域

大部屋最初是在汽车产品开发这样的项目环境中得到应用的。然而，当我们将其应用于支持组织的领导职能时，它的作用便扩展到了对齐战略、明确重点、分享有价值的背景信息，并为领导和运营团队提供学习和改进技能的机会。

> 固定的节奏通过预先设定的会议主题和会议频率，为我们每次会议都明确了目的和议程。特别是那些专注于解决问题和快速分享重要信息的定期简短会议（如15分钟的会议），相比那些毫无目的、讨论期间随机冒出各种事项的会议，无疑是一个巨大的进步。每周进行的深度数字更新，使我们能够比以往更快地把握项目的整体脉

络和上下文信息，而以往我们往往需要在每周不同时间点，以不同的格式，尝试详尽地向管理层汇报这些情况。

——保利娜·范布雷克尔（Pauline van Brakel），首席产品官

从本质上讲，管理团队所采用的大部屋旨在充分激发人类的领导潜能。**采用像大部屋这样的可视化管理工具的关键在于克服我们认知感官的局限性，并引入套路，通过反复练习来塑造新的、期望中的行为模式，从而创造出新的高效习惯。**

接下来，我们将以管理层大部屋为例，来具体探讨大部屋的应用。在本书中，当我们提及“团队”时，指的是那个利用这一特定的大部屋来实现其战略目标的团队。通常，这样的团队处于领导地位，他们通过与运营团队及高级管理层的紧密协作来实现既定的战略目标。

为什么使用大部屋对齐工作法

我曾帮助众多团队创建大部屋，几个月后，他们不禁自问：“在引入大部屋之前，我们究竟是如何管理组织的？”大部屋这种工作方式具有强大且显而易见的力量，它确实具备颠覆传统领导模式的能力，而最为显著的优势，则在于它能够促进行为模式的转变。

使用大部屋对我们而言有两个显著的好处：一是能够更有效地做出艰难的决策，优化有限的资源以支持战略目标的实现；二是通过一个统一的框架进行对齐，确保团队能够紧密围绕共同的使命和目标展开工作。

——弗雷德·马蒂森（Fred Mathyssen），高级总监

想象一下，在一次会议中，随着会议的进行，参与者的能量水平持续攀升而不是逐渐消散。这都归结于使用大部屋带来的 6 个积极影响：

- **更好地对齐目标。**面向战略，团队之间及团队内部的紧密合作与高效协同意味着更多有意义的工作产出。
- **更有效的会议。**优先处理重要事项，并在剩余的可用时间里，明确并澄清各项责任分配。
- **更好地洞察并决策。**尽可能避免偏见，充分利用可获得的（可视化）背景信息、事实、数字等客观依据进行决策，而非仅凭主观假设。
- **人才发展。**构建领导力并提升团队及个人的能力。
- **信任与协作。**通过可视化和图表的透明机制，增强上下游团队之间的沟通与信任。
- **奖励。**有效的变革推动者；成果可见；消除了冗长且乏味的传统会议形式。

使用之前应该知道的事

大部屋的诞生背景

大部屋看似简单，但不要指望简单地模仿一下便能立即见效。深入理解大部屋的起源背景，以及它能在当时的环境下高效运作的工作原理，这对我们大有裨益。了解某个想法的背景信息能更好地理解该想法如何产生，以及为什么它会成功。同时，它也将引导你识别并明确在构建或优化自己的大部屋时需要应对的潜在挑战或改进方向。

大部屋的概念最初是由丰田创造的，该组织已经因成功采纳丰田喜一郎、威廉·爱德华兹·戴明（William Edwards Deming）、石川馨，以及被誉为“丰田生产系统之父”的大野耐一等人的思想和概念而闻名于世。深入研究他们的工作成果，你会发现在各行各业中广泛存在着对精益、敏捷和 DevOps 领域的“现代”方法和理念的重新诠释与应用。

在本书中，我们不会逐一解释精益或敏捷的所有原则和价值观，因为这些内容恐怕要写好几本书才能讲完。然而，我们可以为你概括一下在大部屋中起关键作用的相关理念。这个总结并非尽善尽美，但它能够助你一臂之力，让你审视这些原则是否正在你的大部屋中得以应用，以及如果没有，那么这一现状可能带来的正面或负面影响。

我建议你进一步深入研究精益和敏捷中的原则，以提升团队通过组织中的大部屋（即便尚未采用这些理念）取得更多成果的能力（见图 1-3）。以下是一些推荐阅读材料：

- 《丰田生产系统》（*Toyota Production System*）。
- 《精益思想》（*Lean Thinking*）。
- 《丰田模式》（*The Toyota Way*）。
- 《敏捷宣言》（*Agile manifesto*）。
- 《DevOps 实践指南》（*DevOps Handbook*）。
- 《丰田套路》（*Toyota Kata*）。
- 《古典管理与精益管理的胜利对决》（*The Triumph of Classical Management Over Lean Management*）。

目标的一致性：

- 设定与实施长期目标
- 识别客户价值
- 可见地在所有层级对齐战略

尊重他人：

- 超越流程和工具的人际交互
- 培养杰出员工
- 培育工匠精神
- 持续不断反思
- 管理者做导师
- 事实和知识来自完成工作的地方

拉式系统：

- 实现供需平衡
- 以最小、最早的方式进行交付
- 准时制
- 第一次就做对
- 最小可行产品
- 响应变化

持续改进：

- 以可视化系统暴露、检视并解决问题
- 最大化流动
- 迭代式改进
- 自动化
- 验证假设、科学方法

图 1-3 大部屋中的精益和敏捷原则

在大部屋中，我们将探索这些原则的落地应用。尽管这些概念在表面上看起来简单易懂，但实践中，以一致且有效的方式实施这些概念，并达成预期结果，是极具挑战性的。此外，如果团队至少在一定程度上不愿意接纳并应用这些原则，那么你最终只是在当前的环境中引入了一个工具，而这个环境却缺乏促使这些工具成功运作的基本特质，甚至可能连一次成功的尝试都未曾有过。

幸运的是，这些原则并不仅限于在大部屋中应用，而是旨在为组织的成功奠定基础。许多大部屋所倡导的原则都是基于常识的，而大部屋本身则成为一种有效的管理工具。通过其直观的视觉展示、定期有序的会议模式，帮助你将这些原则付诸实践。

杰夫·萨瑟兰（Jeff Sutherland）是 Scrum 的创始人之一，Scrum 是一种在软件开发中广泛采用的敏捷方法。他曾经说过："Scrum 是在构建软件过程中实施精益的一种方法。实际上，其优势在于，如果严格遵循并很好地实施 Scrum，你将会不自觉地按照玛丽·帕彭迪克（Mary Poppendieck）和汤姆·帕彭迪克（Tom Poppendieck）所阐述的那样去实施精益，甚至都无须理解精益的具体定义。"我认为，大部屋的使用也是如此。如果你充分、恰当地使用大部屋，你将会自然而然地从领导力的角度应用这里所提到的许多管理原则和理念。

大部屋的深度思考

LEADING WITH OBEYA

你需要检查团队是否真的在应用这些原则，检查的方法很简单，就是在开会期间，仔细观察大部屋墙上的内容，寻找可见线索，并思考以下 3 个问题：

1. **我们能否在墙上看到战略目标，以及如何为这些目标做出贡献？**
2. **我们是否已经发现了实现这些目标所面临的问题，还是这些问题仍然隐藏在暗处？**
3. **我们是在努力实现目标，还是在努力改进我们的系统？**

大部屋对领导风格的具体要求

丰田在构建系统性工作方式、培育其持续改进的文化，以及促进相互尊重方面取得了显著成就。自第二次世界大战以来，他们缓慢但坚定地在汽车行业中赢得了优势地位，超越了包括通用汽车和大众汽车在内的众多全球领先企业。

> 要说服管理层接受这种工作方式，并让他们采纳一种标准化的方法来定义和监控战略及绩效，可能非常困难。
>
> ——弗雷德·马蒂森，高级总监

大部屋的概念植根于上述背景之中，因此深入理解大部屋对领导风格的期望显得尤为重要。值得注意的是，我们在大部屋中所探讨的领导风格完全契合最新（也是最经典）的管理文献中的理念，无论是从史蒂芬·柯维（Stephen Covey）到亨利·明茨伯格（Henry Mintzberg）[①]，还是从戴明到西蒙·斯涅克（Simon Sinek）。以下是我们在传统管理行为和基于精益领导力原则并在大部屋中被推崇的行为之间观察到的一些风格差异（见表1-1）。

表 1-1 传统管理行为和大部屋中的领导力的差异

传统管理行为	大部屋中的领导力
作为管理者，我必须知晓所有问题的答案	作为管理者，我必须发现自己还不知道的事物，以便开始了解它们
红色是糟糕的，我们只想看到绿色（一切顺利的表象）	红色表示我们明确知道问题所在以及有了改进的机会。如果我们仅仅盯着绿色，那么就无法及时发现并暴露问题，这样一来，我们就无法在所做的事情上实现持续改进和提升
告诉团队成员解决方案	指导团队成员发掘自己的潜能，使他们能够找到问题的解决方案
我们庆祝团队中有一名“救火队员”	每个人都必须具备结构化地解决问题的能力，即能够系统地分析和解决面临的问题
在问题的初步迹象显现之际，我们往往会匆忙地寻求解决方案	在探讨解决方案之前，我们会花时间了解事情的根本原因，以便能够基于充分的信息做出明智的决策
真相就在 Excel 工作表中	真相就在工作进行的地方
我们奖励短期目标的实现	我们奖励系统中有助于实现长期目标的可持续改进

① 世界杰出管理思想家，著有《管理工作的本质》，该书中文简体字版已由湛庐引进，中国人民大学出版社于 2012 年出版。——编者注

不要期望在保持传统管理行为模式的同时，能够有效地建立和使用大部屋。正如团队在采纳如 Scrum 等新型工作方式时须经历深刻变革一样，如今是时候让管理层也做出相应调整了。踏上大部屋变革之旅的管理者，最好了解各方对他们的期望，以免辜负众人的信任和期待。

摒弃传统的管理方式并改进我们的管理行为是一个持续不断的过程；没有所谓的“终极成熟度”标准，事实上，真正成熟的管理者会意识到提升的空间永远存在。即便是为了克服由偏见导致的自我高估，或是更清晰地认识到自身的局限性，寻求教练的指导来反思自身的行为，或是组织同行评审会议，都是极为必要且有益的措施。

许多团队在意识到需要改进自身的工作方式时，首要任务应是审视并调整自己的文化。他们可能会进行一项评估，为团队个性赋予色彩或明确其价值观，然后制定一份章程，承诺将遵循这些价值观和约定，并在日常工作中恪守不渝。然而，在具体的改进事项方面，他们有时可能过于聚焦运营团队文化的调整，而忽视了领导力的提升。

然而，我们认识到，**仅仅思考变革并不会促使改变发生，真正的变化源自我们日常行为方式的转变。**正如有些人所说，“我们不能仅仅通过思考如何行事来养成新的习惯，但可以通过采取新的行动方式来引领我们进入一种新的思维模式”。

在使用大部屋之前，请思考两个问题：

1. **你希望团队通过使用大部屋发生什么样的变化？**
2. **如果你想成功使用大部屋，你需要改变哪些价值观和态度？**

大部屋与 OKR 相关联

OKR 已成为众多组织广泛采用的一种实践方法。你或许已经有所耳闻，甚至有所实践，并好奇它如何与大部屋相联系。

正如大部屋一样，OKR 也提供了一个系统化框架，用于设定明确的目标，并识别和监控关键成果的达成情况。它通过促进组织成员之间的对话、鼓励全员参与以及对齐目标来实现这一目标，其节奏还能适应并响应快速变化的需要。

大部屋作为一个优秀的平台，能够很好地支持 OKR 的实施，并将其与领导组织中的关键因素无缝对接。**将大部屋作为 OKR 的可视化工具，不仅有助于从宏观角度展示每位成员对更大图景的贡献，还极大地增强了透明度。**

大部屋包含目标和关键成果，并通过丰富的背景信息对这些内容进行补充，从而支持管理团队在日常运营中做出明智决策、有效解决问题并迅速采取必要行动。例如，在大部屋的墙上，除了明确的目标和可量化的成果之外，我们还可能看到结构性问题的剖析、日常工作的背景信息、投资组合的概览以及实际工作流程的展示。这些信息不仅确保了团队能够持续聚焦更高层次的战略方向（建议定期进行 OKR 回顾，如每季度或每月），还能为大部屋的管理层提供充分的准备，使他们能够灵活应对当前或未来可能面临的挑战和机遇。

运用大部屋来开展管理工作，其重要性的一大体现就是持续改进，这要求我们将视角放在比实现单一目标更为宽广的背景中。OKR 的一个潜在局限在于，它源自目标管理理论。因此，如果参与设定目标的人员未经过充分培训，或是对其所在组织系统的全面背景（在大部屋中得以展现）缺乏洞察力，他们可能会无意中鼓励一种仅服务于个人利益而非整体利益的行为导向。关于这一点，请参阅第 2 章。

通过明确全方位的领导责任以及确立相应的思考和行动原则，大部屋能够有效地补充和完善 OKR 的应用。

大部屋行为模型如何运作

通过发挥人类认知上的优势、规避认知上的弱点，并促进有效决策，大部屋为管理团队提供了有力支持。它本质上提供了一个平台，组织中的人们在这个平台上相互协调、聚焦并推动其组织的一部分向前发展，以实现既定的战略目标。

在这里，我们需要引入大部屋行为模型，来帮助管理团队有效使用大部屋领导组织。该行为模型是基于精益和敏捷原则、价值观及相关知识精心构建的。它已通过了来自该领域的多位资深教练和大部屋知识网络广泛成员的同行评审，并在实践中被多种不同团队在其大部屋中实现并采纳，还应用于一些国际培训项目中。使用大部屋行为模型的目的是帮助识别在大部屋中对领导组织至关重要的领域和原则。

大部屋行为模型为管理层在大部屋中的活动提供了变革和发展指南，适用于组织中的各个层级。鉴于实际情况的多样性，对于大部屋必须是什么样子，并不存在一个放之四海而皆准的完美方案。

例如，对商业企业中的人力资源团队有效的大部屋实践方法，可能并不完全适用于非政府组织的运营部门。然而，在核心层面，管理团队的关键活动应该保持其本质的一致性。因此，提出的 5 大看板和 7 大思考与行动原则对于任何管理团队而言都具有普遍意义（见图 1-4）。

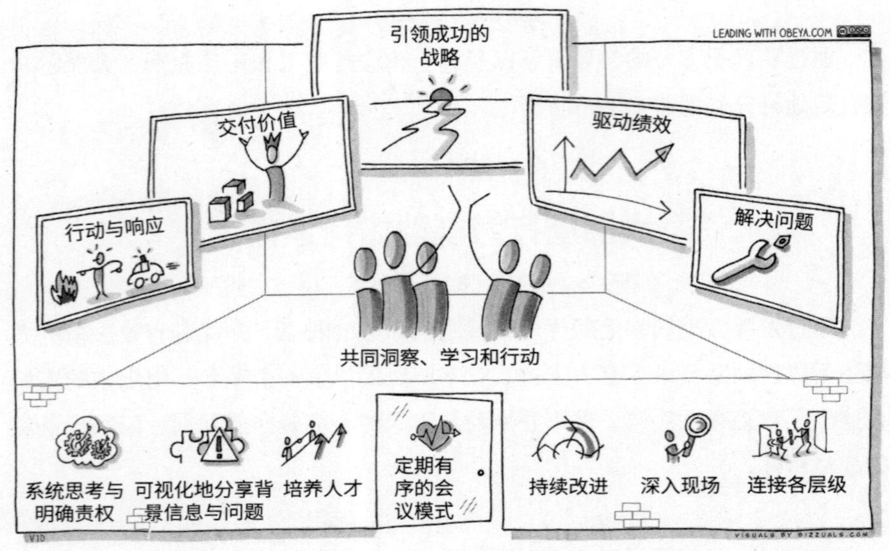

图 1-4　大部屋行为模型

大部屋行为模型包含两种类型的内容，一种是进入大部屋时即可看到的可见内容，另一种是通过深入观察管理团队如何运用大部屋才能洞察的不可见内容。重要的是要认识到，为使大部屋充分发挥其效用，所有内容均需得到体现，不可仅凭个人喜好选择性地呈现一部分。即便起初可以从某一领域着手，但随着时间推移，你会意识到若忽略了其他方面，将会带来明显的缺失。

因此，**如果你仅仅是在构想一面用于展示投资组合的可视墙，而尚未将这些元素与战略规划、绩效评估、问题解决、日常事务响应以及团队行为相关原则的应用等紧密关联起来，那么它就不能被称为一个真正的大部屋。**

5 大看板

在大部屋中，管理者的关键职责被分为 5 个看板，这些看板详细描述了管理团队应当肩负的工作的关键方面。关于这些部分的详细内容，将在第 4 章中展开解释。

7 大思考与行动原则

行动原则阐明了团队的思维模式和行动准则。当管理团队在大部屋中运用这些原则并与人交互时，这些原则的应用将自然而然地显现出来，而不仅限于凝视墙壁之时。鉴于这些原则在构建大部屋以及推动团队转型过程中扮演着至关重要的角色，我们将在第 3 章对其进行详尽的阐释（见表 1-2）。

表 1-2　7 大原则和 5 大看板

图示	说明
引领成功的战略	作为任何团队的起始点，此区域用于描述组织的宗旨和目标。它为我们的一切行动奠定了坚实的基础，并界定了大部屋中其他一切工作内容的大纲。 示例元素：宗旨、战略能力、客户及干系人分析、市场分析等
驱动绩效	我们的组织表现是否达到了期望的水平，以确保我们能够顺利实现目标？我们能否验证商业假设的有效性？我们应该调整方向还是应该坚持当前策略？此外，我们必须明确并解决哪些问题？这些问题正是此区域需要探讨并给出答案的。 示例元素：有助于揭示和推动组织绩效的指标、关键绩效指示器

续表

图示	说明
交付价值	这个区域集中展示了我们正在规划的活动，旨在阐述如何向我们的客户交付价值。这意味着我们会公开交付系统，选择如何最有效地利用有限的资源与能力，并与所有干系人保持密切沟通，确保他们充分了解我们的计划。 示例元素：路线图、投资组合漏斗、价值流图、里程碑卡片和战略规划
行动与响应	我们已经踏上了这段征程，但前路未知，明天可能带来种种变化。因此，我们必须具备快速有效地应对变化的能力。团队需要得到充分的支持，以便能够有效地清除前进的障碍。只有这样，我们才能从容不迫地应对未来可能遭遇的任何挑战。 示例元素：任务板、收件箱等
解决问题	在这个区域，我们采用结构化的问题解决方法，以确保能够彻底根除导致组织问题的根本原因。由此，我们的工作重心已从单纯的故障排除和四处救火，转向了可持续地改进系统。 示例元素：丰田套路故事板、解决问题的 A3 改善报告、指标等
系统思考与明确责权	我们深知，若要为客户和干系人带来更加卓越的成果，而非仅仅局限于团队或组织内部的优化，就必须确保系统的每一部分都协同工作，共同发挥作用。在系统层面，我们的责任在于明确可视化这些职责，并融入我们的行为之中
可视化地分享背景信息与问题	我们必须正视并接受大脑的局限性，努力避免偏见和预设假设的干扰。这正是我们为何强调分享背景信息，并采用视觉化的方式揭示问题所在的原因，这样做极大地促进了我们做出更明智的决策，并有效地解决复杂性问题

续表

图示	说明
培养人才	我们通过教育员工并促进他们的发展来展现对他们的尊重。通过提供教育和指导，并优化日常例行程序对员工进行投资，我们正在构建一支由技能娴熟的员工、改进的推动者和领导力出众的管理者所组成的团队，这将为组织带来蓬勃发展
定期有序的会议模式	对于个人及团队，改善我们行为方式的唯一途径就是开始行动起来。我们采用丰田套路来调整会议的节奏和例行程序，以确保在组织的各个层级都能极其高效地在正确的时间做出正确的决策。如果需要，问题能够在一天之内迅速从工作一线传递到高层管理人员那里
持续改进	改善套路是源自丰田生产系统的一种持续改进方法论。持续且每周进行改善套路的实践，使我们能够从被动的“救火”模式转变为积极主动的结构化问题解决实践。这样的转变使我们能够有效地应对并解决那些阻碍我们实现目标的棘手问题
深入现场	我们不仅仅依赖报告进行管理，而且定期深入工作现场，为一线员工提供支持，并勇于挑战我们的既有假设。因为工作一线的人员是唯一能够直接向我们展示事情真实面貌的人
连接各层级 	在组织中，每个团队都与另一个团队相连接，无论是自上而下还是自下而上，直至贯穿整个价值流，这种连接是通过人与人之间的直接交流而非仅仅依赖电子邮件。 在我们的互动过程中，要始终确保理解彼此的需要，并反思自身的意图，以此来增强行动的有效性

实际工作中的大部屋

在互联网上，你可以轻松找到很多关于大部屋的图片，这些图片往往展现了一个长方形房间的场景，其中四面墙被用来展示特定类别的信息。然而，现实情况往往有所不同，特别是实际环境中很难找到只有四面墙壁且完全无其他元素的房间。

我看到的较理想的大部屋，房间里都有窗户，营造了相对开放的环境。至于规模，最小的大部屋可能勉强容纳 8 人进行活动，而最大的大部屋则跨越不同国家的两栋建筑之间，通过特殊设计实现了可容纳多达 30 人的会议（尽管这种安排远非最理想的选择）。

如果你从未见过大部屋，也不清楚它可能是什么样子，那么以下两个例子将帮助你在脑海中构建出更清晰的画面。大部屋行为模型的各个区域与所提供的图片相对应。如果你希望深入了解比图 1-5、图 1-6 中大部屋墙上展示的内容更为详尽的信息，请直接跳到第 4 章。

单面墙上的战略项目

这个大部屋是专为战略规划而精心设计的。其左侧设有战略区域。该区域为每个战略能力构建了一个水平结构图。紧接着是“驱动绩效”看板，这里列出了将战略能力转化为可量化指标的具体措施。

再往右侧，则是“交付价值”看板，该看板为每个战略能力设置了明确的里程碑，以便追踪其实现进度。紧邻其后的是“解决问题”看板，而最右侧则是“行动与响应”看板（见图 1-5）。

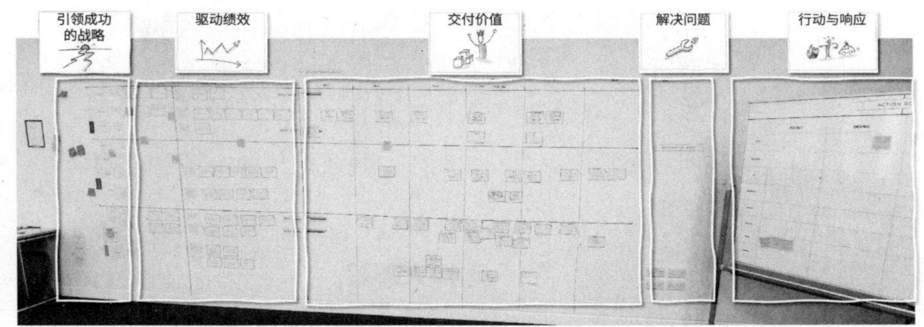

图 1-5 项目大部屋示例，从左往右分别是战略到行动

使用多面墙的部门

在这个布局中，“引领成功的战略”看板占据了显著位置，它明确界定了顶层的战略能力，这些能力随后流入下层的“驱动绩效”看板，该看板列出了用于衡量这些战略能力的具体指标。在布局的左侧，我们看到一系列改善套路故事板，它们共同构成了“解决问题”看板，紧接着的是“交付价值”部分。而整个布局的最右侧，则是“行动与响应”看板（见图 1-6）。

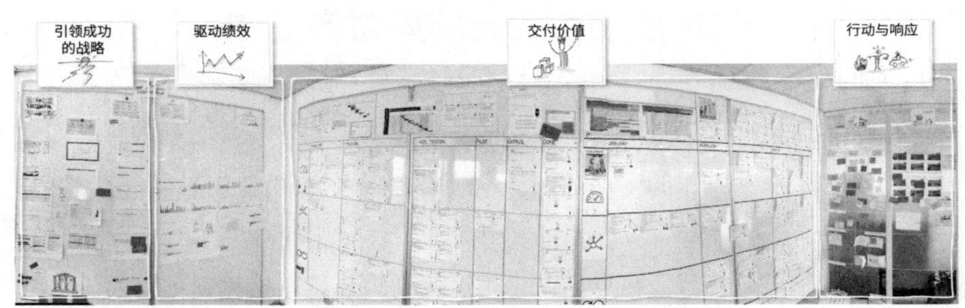

图 1-6 部门大部屋示例，自顶向下流动到不同区域

在没有亲自走进一个大部屋的情况下，要准确解释什

么是大部屋是非常困难的，就像你现在只是通过阅读本书来了解它一样。然而，我仍会尽我所能为你提供详尽的背景信息，以便你能更深入地理解它。因此，除了在全书中穿插照片和图示以帮助说明外，我还会分析大部屋的实际应用案例。

虚拟大部屋

现如今，随着远程办公和分散办公模式的日益普及，我们越来越多地在家办公或在不同地点进行工作。尽管在大部屋中举行现场面对面会议具有无可比拟的高效性和互动性，但现代技术也允许我们在线完成许多任务。下面的案例将为你展示一个虚拟大部屋行为模型，其不同区域从左到右依次呈现，这个虚拟大部屋与本书探讨的设置非常相似。利用虚拟大部屋在线工作既有优点也有不足之处。我们将在本书的后续部分深入剖析这些优点及不足，帮助你更全面地了解在线大部屋的应用及对个人和团队协作的影响。

如何成功引入大部屋对齐工作

接下来，我将带你走进一个真实的故事，这是关于一家大型国际公司如何利用大部屋推动工作的生动案例，本故事源自一次深入的公司访问。

弗雷德·马蒂森曾任耐克全球卓越运营高级总监，他慷慨地分享了他的个人经历，详细阐述了耐克是如何开始引入大部屋，并将其扩展到全球多个国家和重要地区，包括中国、美国以及欧洲。以下内容是弗雷德采用第一人称的讲述。

创建大部屋

我们开始创建大部屋是为了简化组织的复杂性。如果你在一家高度复杂的国际公司中担任领导职务，你会不断收到来自四面八方的各种请求。在履行领导职能时，我发现简化这种复杂性始终是一项挑战。

对于耐克而言，我们拥有众多正在进行的项目和纷繁复杂的指标。在矩阵式组织中，其本质特点在于，你会受到多个管理者的影响，他们各自对团队或职能组织的优先级有不同看法。这使得我们难以轻易判断是否在做正确的事情来支持公司的整体战略。因此，我们需要确保自身正专注于正确的优先事项上，以支持公司战略，并确保这些优先事项能够在组织内部级联（cascade）[①] 传递。

当我第一次尝试创建大部屋时，正负责一个名为“精益业务赋能”的部门，该部门正致力于推进多个欧洲项目，主要聚焦财务、供应链和信息技术领域。同时，在我的职责范围内，还涵盖了欧洲的精益工作，这恰好为首次使用一个房间进行大部屋实验提供了便利条件。

我们当时的想法是：“让我们探索一种方式，将最重要的项目信息放在墙上，包括负责人员及项目的当前状态。”这第一步便是与团队成员分享这一设想。当时，我甚至不知道这种做法叫大部屋对齐工作法。幸运的是，史蒂夫・贝尔（Steve Bell）作为俄勒冈州耐克总部精益业务赋能计划的首席教练，在那段时间正在撰写他的著作《精益 IT》（*Lean IT*），他适时地向我指出，这种模式中的房间确实有一个专门的名称。

团队成员对这次实验展现出了极高的热情。其中一位团队成员的精辟总

---

① 描述决策或信息在组织内从高层到基层逐级传递的过程。——编者注

结尤为贴切："如果某项工作没有在大部屋中得到体现，我就不会优先处理它。"这句话揭示了大部屋所带来的清晰度和聚焦效应。简而言之，我们减少了不必要的时间消耗，更高效地确保了团队之间的信息同步和工作优先级的明确。

大部屋对齐工作法提倡"眼见为实"。当我们启动并运行大部屋时，园区内的人们会路过并好奇地在拐角处偷看这个他们久闻其名的房间。

耐克的首席信息官对此表现出了极大兴趣与兴奋，他不仅资助我们录制了关于大部屋房间的视频，还将这种模式作为组织内其他部门的工作基准。很快，我们就意识到，这种工作方式的影响力远远超出了我们最初在实验中的预期。

使用大部屋

随着时间的推移，我们逐步发展、创新并扩展了大部屋的概念。我被委以重任，领导位于荷兰总部的欧洲技术组织。这项工作极大地扩展了我的领导力边界，因为我的技术背景原本相对有限。因此，我面临着一个挑战：如何在这种知识背景下，引领团队聚焦正确的事务？

我迅速决定采用大部屋作为领导这一组织的关键工具。鉴于该组织不仅负责项目管理，还提供服务支持，我们设立了一个专门房间，在其中深入实践了大部屋的应用。

我们的方法是，首先回顾早期的实验以进行学习总结。随后，我们决定纳入更多关于整个企业、欧洲以及全球战略的内容，以便能够在墙上看到更广泛的场景。

我们投入了一些额外时间，将收集到的所有信息提炼成在大部屋中具有实际意义的洞察。这项工作实际上比我们预期的要难，因为我们身处一个矩阵型组织，这意味着我们受到各路副总裁的领导，手头有众多正在进行的项目，同时还要应对不断增加的新项目要求、严格的预算限制、繁多的指标以及相对有限的可用资源。然而，我们坚持不懈地改进大部屋房间，即使犯了错，也会从中学习并继续改进！

房间宽敞，集成了员工会议，每周、每月和每季度评审，以及项目团队工作会议所需的所有相关信息。我们的欧洲总经理也参与了季度业务审查，且无须依赖繁复的幻灯片演示……因为所有相关信息都已在大部屋中一目了然了。

此外，我们与团队每日举行站会，专注于解决欧洲层面最优先的票务问题。若遇重大问题报告，我们会使用该空间来迅速解决和持续跟踪。会议期间，我们所需要了解的信息都能在墙上找到，因此，充分利用这一资源显得尤为重要。

在房间外面，有一个要在大部屋内举行会议的时间表。这确保了在预定会议期间该房间是可用的，同时也方便其他希望使用房间和墙上信息的同事安排会议。

起初，我们的第一个技术大部屋配备的是普通门，形成了一个封闭环境。后来，为了提升开放性和互动性，我们将大部屋移到了咖啡角附近，并安装了玻璃门。这种开放性极大地激发了团队和访客的好奇心，促进了信息的自由流通，这正是大部屋核心价值所在。

在大部屋中，我们在墙上展示了一项与员工紧密相关的指标："你会推荐朋友来耐克工作吗？"这一简单指标同样出现在各级部门的大部屋墙上。

调查期间，我们鼓励匿名反馈，管理层则根据这些反馈制定并分配纠正措施。反馈详情会在公共区域展示，并在每月员工会议上用于状态更新，确保透明度（见图 1-7）。

图 1-7 耐克 2014 年的大部屋展示

这实际上是针对特定主题应用大部屋的一个成功案例，我们没有为大部屋中的所有指标执行此操作。作为管理者，我们深知为员工做正确事情的重要性。向团队成员传达这一点对于表明我们的言行一致至关重要：我们将根据他们的反馈积极采取行动。例如，我们不仅跟踪和展示培训计划的进展情况，还公开讨论哪些团队正在按计划开展培训，目的是确保每位员工都能认识到自我发展的重要性并积极参与其中。

灵活运用系统思维

在过去 5 年里，我协助创建了多种形式的大部屋，旨在为中下管理层的个别团队、特定项目、初创企业乃至大型跨国公司的董事会级别管理团队提供服务。只要能够灵活运用系统思维原理，所有这些团队都能从大部屋这一模式中受益。然而，这也意味着，如果多个团队各自为政，通过多个大部屋来管理相同或相互重叠的事务，不仅无法实现预期效益，反而会导致团队负担过重及资源的不必要浪费。请注意，这种情况往往揭示了组织内职责划分不清的深层问题。

此外，如果你是一家仅有两三个人的初创公司，大部屋同样可以作为你的一个理想平台，用以实践精益创业的理念，同时监控你的增长目标，并确保新团队成员的步调一致。至于在大型公司中的应用，具体设置需依据公司的组织架构而定。但一般而言，每 200 至 300 名员工可设立一个大部屋，这大致相当于覆盖 20 个团队，涉及 5 名左右的管理者。

将大部屋扩展到组织的其他部门去

有一次，我们为耐克技术部门构建了一个中心大部屋，它整合了多个部门，包括基础设施、应用服务、投资组合管理、业务整合、职能联络员以及散布于各国的当地技术团队。为此，我们在每个相关部门都创建了大部屋墙，以支持与主要大部屋紧密相关的日常业务高效运转。

然而，并非所有的大部屋实施都取得了同等的成功。我们认识到，成功运用大部屋的关键因素在于管理者对其的采纳与运用程度。起初，我们的一位经理完全反对使用大部屋。但数月之后，他开始意识到大部屋为业务带来的清晰度和工作聚焦效应，因此他的态度发生了彻底的转变。他确保大部屋的信息始终保持最新，并与团队积极利用这一平台。以往，人们需要从海量的可用报告中筛选所需信息，往往迷失于细节之中；而现在，只需这一区域，便能在同一面墙上集中展示所有真正重要的事情。

在我领导全球卓越运营工作期间，重点再次更多地聚焦到了产品的物流和仓储环节。有一次，我们的一个配送中心遭遇了挑战。来自全球总部的多位高级管理人员对我们能否将设施的性能提升至其设计能力表现出了浓厚兴趣。我们聚集在一个小房间里，墙上贴满了便签，试图捕捉各种机会并明确我们努力的优先顺序。那一刻，我感觉自己回到了熟悉的领域，而这种做法也让我们的思路更加清晰——这正是大部屋的雏形。随后，我们准备了一个关于如何设置大部屋房间所需元素的演示文稿。一旦获得批准，我们就能在短短一周内建成物理大部屋区域。由于我们拥有先前的经验，加上事先做了充分准备，以及管理层的全力支持，因此许多事情进行得十分顺利。

受到我们这种工作方式的启发，当地的管理团队欣然接受了这一概念，这也在其他配送中心引发了连锁反应。开始建立各自大部屋的团队之间形成了一种健康的竞争氛围。在你的组织中，对大部屋的使用进行创新和发展是一件积极的事情，它可以通过各团队间相互学习各自的大部屋实践来相互促进。此外，学习也是促进各个大部屋之间协同作用的一个重要方面。

当时，我们面临的一个主要挑战是，人们手头正在进行的项目如此之多，以至于没有办法同时推进所有项目。然而，我们又不愿意放弃任何项目，因此，我们创建了一个名为“机会管道”的系统，以确保不会遗漏员工的任何优秀创意。

运营大部屋时，实施严格的治理模型至关重要。例如，我们成立了一个变更控制团队，他们定期召开会议，决定哪些工作将被优先处理。这些会议得到了会议室中设置的视觉展示信息的支持，这些信息包括机会管道、价值流图、团队状态概览、关键指标以及所有正在执行的项目。

在这一时期的某个阶段，我们甚至开始在大部屋中与第三方物流提供商进行合作。这很有趣，因为我们实际上是将工作方式扩展到了耐克组织之外。

我们发现，大部屋不仅在组织内部发挥作用，还与更广泛的业务网络紧密相连。

创建高级管理层的大部屋

企业需要在全球各地的配送中心内统一项目管理和指标衡量的标准。我们的副总裁，在他的层面上，基本上有着与我在首个实验启动时相同的需求：如何驾驭所有复杂性，并确保我们专注于核心事务。如果拥有一套全局性的指标，并且自公司高层至各部门都能保持一致，那么整个流程将更为和谐统一。最终，我们还为他建造了一个大部屋。

我们投入时间定义了这些指标，并开始每月收集数据。起初，这需要付出大量努力，但我们不断优化工作流程，以提高效率。副总裁在界定支撑供应链运作所需的顶级指标方面发挥了关键作用。然而，在组织这一层级建立一个大部屋给我们带来了新的挑战，因为正在运作的项目数量庞大。是否将所有项目都展示在墙上？这显然不切实际。是否挑选部分项目展示？如果这样做，选择标准又是什么？假设仅展示部分项目，而这些项目仅占所有项目总预算的 60%，那么剩余的 40% 又该如何管理？为此，我们围绕“我们真正在构建什么”这一主题展开了诸多讨论。

这就是大部屋的艺术所在：明确你希望在墙上展示什么。这种艺术并非简单地将任务分配给每个人就能实现，而是需要提供一个方向，随后与团队一起深入探索，使其发挥作用并不断完善。这需要一种特殊的技能组合，能够捕捉工作精髓，阐释其意义，并在墙上以可视化方式展现出来。一旦呈现，还需要学会引导恰当的对话，使讨论如墙上展示的信息般聚焦。像在传统会议中那样漫无边际的讨论很可能导致冗长而无果的对话，这是不可取的。在此类讨论中，人们应能自如地报告项目的“真实”状态。这需要建立在信任的基础之上，而这正是高级管理者的重要职责所在。我们或许会说“问题提得很好”，但并非每个人都有此感受，这需要时间去培养和建立。

观察那个房间在副总裁级别的发展历程，我认识到以往经验的局限性，特别是对那些潜藏在该房间里的挑战与风险的洞察。鉴于副总裁肩负全球责任，他难以抽身与团队一起在那个大房间中实地办公，但他需要分享见解以指导工作。副总裁会利用在那个房间里的会议来获取正确的信息，以便能够向上级汇报。可视化看板帮助他弄清楚了如何以实用、高效的方式展示关键信息，从而有效管理我们在世界各地的仓库。以下是我的小提示：

- 确保团队能够使用大部屋，他们需要参与其中并明确责权。
- 使部门的工作与公司、全球以及各职能部门的战略保持一致。
- 让管理层也参与进来，让他们亲身体验大部屋所提供的价值。
- 不要被墙上的大量信息吓到，你可以非常有效地管理这些信息，因为大部屋能够取代许多现有的会议、演示文稿和报告。
- 学会精练和总结信息，因为没有人愿意花费大量时间阅读烦琐的细节。
- 将精力投入治理模型中，因为它允许在需要时进行灵活的更新并调整方向。
- 使年度员工绩效评估与大部屋的目标保持一致，因为你的团队应该专注于部门目标并加以执行，以更好地支持公司战略。

LEADING WITH OBEYA

第 2 章

跨越 4 大障碍，领导组织更有效地执行战略

在开始使用大部屋作为领导力的解决方案之前，必须清晰地了解我们力图解决的问题是什么，否则我们可能会在无意识中被误导，从而采取一些毫无用处的行动。大部屋是应对领导力挑战的一个非常有价值且卓有成效的解决方案，但在此之前，我们首先需要深入理解它为何能达到这样的效果。因此，在开始设计你的大部屋之前，让我们对齐一下在领导力和战略管理的概念上的认知。

组织的战略目标为何不能实现

我认为，组织中处于领导地位的任何人都应该关注以下 3 项既简单又必不可少的任务：

- 为组织设立目标。
- 确保组织中团队和个人的努力方向与既定目标保持一致。
- 协助团队和个人提升能力，以确保他们能够实现这些目标。

实际上，组织的战略应当明确涵盖管理层计划如何完成这 3 项任务的策略。但它并不像听起来那么简单。

通常来说，管理者①都是头脑聪明、工作勤奋的人。他们肩负着实现组织目标及制定实现这些目标的具体方法的重任，这对组织内外的许多人来说都至关重要。人们期望他们能够洞悉复杂的形势，尽可能做出最好的判断，并确保决策得到完美的执行，同时能够接受来自团队、同事、高级管理层、股东或干系人的审查。

为了不在这些方面出现差错，管理者需要能够过滤掉日常工作中通过电子邮件、媒体、聊天应用程序、大数据报告、庞大的企业信息系统等几乎持续不断地向他们涌来的信息轰炸。这不是一件容易的事，尤其是当你生活在信息过载的时代，一个自工业革命以来组织结构已经变得如此复杂的时代。信息技术、数据处理能力和产品供给的发展速度远远超过了人类的生物进化速度。

那么，如果想成为众望所归的有能力的管理者，你该如何应对这一切呢？当无法兼顾全局又需详查细节时，你该如何做出合理的战略决策？

显然，答案将是使用大部屋，但我们还没有完全做好准备。大部屋是帮助管理层成功执行战略的一种手段。然而，鉴于目前没有一个被广泛接受的战略定义，我们首先需要确保对“战略”这一概念有共同的认知。

战略到底是什么

“strategy”这个词源自古希腊语“strategeos”，翻译过来就是“战略”，

① 在本书中，当谈到领导力时，我们都以“管理者”称呼任何处于领导位置的人，无论其处于组织的哪个层级。

意指“领导军队的艺术”。它起源于古代，当时由执行征服任务的统帅指挥军队。人类似乎自古以来就一直在运用这种艺术，而今天，我们仍然将“战略”一词与如何管理组织并引领人们达成特定目标紧密相连（见图 2-1）。

图 2-1　战略：从目标到执行

为了避免对本书这一被广泛讨论又非常关键的主题做出不恰当的假设，我们应该在更现代且更具体的语境下为“领导军队的艺术”即战略给出定义。以下是一个简单且有效的定义：**战略是一个组织为实现其长期目标而计划并采取的所有行动的总和。**这个定义包含以下 4 个要点：

- 如果战略不能转化为行动，那么它就只是一个想法。
- “行动的总和”意味着组织作为一个整体，需要采取一系列恰当的行动，既不过于稀疏也不过于频繁。
- 实现目标的最优途径的“意图”需要我们通过学习和研究过去与现在的经验来预估，但这一过程充满不确定性。
- “期望”则意味着我们需要制订一个周全的计划，但永远无法预测明天会发生什么。

领导组织的核心在于与组织中的人员协同开展既有意义又相互连贯的活动，同时高效利用和合理分配稀缺资源，以确保能够持续实现既定的（长期）目标。

大部屋的深度思考

LEADING WITH OBEYA

为了测试战略领导力的有效性，请思考以下 5 个问题：

1. **要取得成功，作为一个团队或组织，我们必须满足哪些战略目标？**
2. **一线员工是否认为他们的行动对他们所承诺的目标做出了积极贡献？**
3. **我们的目标是否促进了整个组织的一致行动？**
4. **你能回答这些问题吗？你认为组织中的其他人会如何回答？**
5. **如果你现在走到一个运营团队面前，问这些问题，你期望得到什么样的答案？**

实施战略的传统方法

一项调查显示，在 2017 年，战略规划是管理层使用的主要工具。它始于每年一次的战略计划的制订。传统上，组织内各个层级的管理者均承担着一项重要的任务，即为各自所负责的部门制订并提交一份详尽的计划。

由于战略规划是基于财务规划和会计需求的年度工作，因此必须进行一些简单的行政工作，以确保来年有预算可用。然而，这项工作可能并不那么振奋人心。

不久，该规划在评审通过并分配预算后，会在组织中传达。该规划可能以演示文稿的形式呈现，或者以视频消息和全体会议的方式进行宣传贯彻。战略的管理根据月度报告进行，报告中采用红、黄[①]、绿三种颜色来表示不同状态。现在，我们回归日常工作中，急切地期待着看到我们在战略上所做努力的最终结果。

现在，如果一切顺利，我们希望你的组织在实现其战略目标的过程中能够完全上下一心、能力卓越和高效执行，对吧？员工每天来上班时，能够在工作中感受到明确的目标，因为他们正为更伟大的事业贡献着不可或缺的力量。团队和部门能够自我组织，并将他们的努力整合成一致的行动，以最大限度地提升战略价值，同时令客户满意。我们的产品上市时间缩短了，利润率上升了，客户比以往任何时候都更加满意，从而在激烈的市场竞争中脱颖而出，遥遥领先。我们坚持将战略付诸实践，并相信会做得更好！

战略不仅仅是计划

实际上，由于某些未知的原因，战略并非总是如此运作的。正如迈克·泰森（Mike Tyson）曾经说过的那样："每个人都有一个计划，直到被现实'打脸'。"虽然未来的方向已经通过计划进行了设定，但几周后，我们不得不面对现实，又回到了忙于管理眼前事务的状态。我们无心关注未来，只想着怎么解决昨天出现的问题。对于太多的企业来说，这就是战略执行中不可避免的现实。

首席执行官对此感到无能为力，因为她不知道她刚刚推出的战略是否能按照预期的方式成功实施，不清楚其执行的具体路径，担忧它能否在未来几

① 原文为琥珀色，但考虑在中文语境中常用红黄绿的颜色表示进展的状态，因此这里采用"黄色"以方便读者理解。——译者注

个月内产生任何结果。唯一可以监控进度的方法是设置指标，对各层级的管理者，从基层到高层，进行考核和评审。然而，在这种模式下，当各种报告最终送达组织的最高层管理者手中时，工作情况早已发生了变化。

为了领导组织，必须采取措施来收集事实，检测我们的战略假设，并在短期内应对新的形势，以便能够及时调整或继续坚守我们的战略选择。然而，在管理层，组织更倾向于采用传统的各种会议和（数字）报告方式。

更多团队，更大挑战

领导力挑战会随着你所负责的团队数量的增加而加剧。我曾经在一周内拜访过两个运用大部屋理念的企业，就组织规模而言，它们之间有着天壤之别。一个是拥有 3 个团队的初创公司，另一个是拥有 15 000 多名员工的国际公司。

在初创公司，管理团队能够深入工作现场，与他们的团队进行密切互动，从而获得有关项目、进度和成果的第一手反馈；然而，在大型公司，管理团队所收到的信息往往是经过多层解读的，显然，这些信息并不是直接来自工作现场的第一手资料。

在制作关键绩效指标（KPI）和进度报告的过程中，融入了大量的解释说明和抽象的总结内容，而这些过程中很可能掺杂了政治因素和偏见。这让我意识到，如果管理者远离了组织实际创造价值及实施战略的核心工作现场，那么领导这样的组织将会变得极为困难。**如果没有办法在整个组织中与基层之间构建信息的一致性和紧密的联系，那么推动任何一项战略都会显得力不从心。一线部门，作为战略执行的前沿阵地，才是管理者发现真正执行力所在的关键地方。**

战略执行失败的迹象

1961 年，当肯尼迪总统首次访问美国国家航空航天局（NASA）时，发生了一件至今仍被人们津津乐道的趣事。总统向一位看门人询问他的工作内容，看门人自豪地回答："我正在帮忙把一个人送上月球！"这一回答成为人们理解宏伟目标并将其转化为有意义的行动的绝佳范例。

管理者的关键任务之一是将组织的宗旨和目标转化为对员工具有实际意义的工作。如果做得好，员工敬业度将会显著提升。那么，什么是员工敬业度呢？它可以被定义为"员工对组织及其目标所持有的情感承诺和投入程度"。简而言之，它指的是员工内心对工作的关切程度，以及为达成组织的宗旨和目标做出贡献的内在动机。

我们为什么要关心员工敬业度？许多研究已表明，员工敬业度对组织绩效有着显著的影响。在《哈佛商业评论》的一篇文章中，兰德尔·贝克（Randall Beck）与吉姆·哈特（Jim Harter）基于他们的研究成果提出了以下建议："当一家公司在其各个业务部门持续提高员工敬业度时，一切都会向着更好的方向发展……这包括客户满意度的提升、盈利能力的增强、生产率的提高和产品质量的优化（更少的缺陷），同时还会带来更低的人员流失率、更低的缺勤率、损耗的减少（如盗窃事件的降低）以及安全事故的减少。"

在一项小型调查中，我们向受访者询问了与他们所在组织的领导体系相关的问题。其中一个目的是探究看门人（通常指组织中负责守门或协调工作的角色）是对组织目标持置身事外的态度，还是积极参与其中。结果表明，时至今日，在基层开展与战略目标紧密相关且有明确目的的活动，并非普遍现象。具体而言，只有 48% 的受访者表示他们的工作能够与组织的战略目标直接联系起来。不出所料，只有 58% 的受访者认为他们的工作有助于实现一些有价值的目标。

因此，如果军队的领导艺术旨在成功完成军事任务，但大多数成员却难以看到自己是如何为此做出贡献的，甚至有近半数的“军队成员”认为他们从一开始就没有执行过具有实际意义的工作。那么我们怎么能期望达成既定的目标呢？

审视你的工作，发现自己正忙于一些事务，却不清楚这样的努力是否会对任何人产生积极影响，这种感觉令人沮丧，甚至会导致职业倦怠。有人建议：“为了对抗倦怠，我们应该培养一种使命感，努力让他人感受到我们的积极影响，或者感觉自己正在为让世界变得更美好而贡献一份力量，这些都是极具价值的。通常，这种使命感可以抵消工作中的消极情绪。其他激励因素还包括工作中的自主性和面对富有挑战性的任务。

当然，管理者会投入大量时间来设定目标，并确保组织能够实现这些目标。然而，当被问及这个问题时，只有 32% 的受访者表示，他们所在组织的管理层确实将大部分时间用于制定战略方向，并有效引导团队朝着这一目标努力。这不禁让人好奇，这些团队的管理层在其余时间都忙些什么呢？

很可能，他们发现自己正忙于应对一些在众多组织中普遍存在的难题。图 2-2 是一个包含 4 类常见且难以解决的管理问题的图示。该图示基于我的个人经验，提供了一个不算详尽但典型的组织问题症状集合，这些集合来自我曾指导过的众多组织中人们的反馈和支持。

到目前为止，我遇到的每个人都在他们的组织中意识到了这些问题——至少在中大型组织中是这样的。我相信，在领导组织时，这些问题症状之所以持久且难以解决，主要存在 4 大障碍：

- 组织的复杂性。

- 人脑的认知特点。
- 管理哲学的百年误用。
- 对领导力系统的忽视。

目标不对齐	缺乏优先级或进展感	职责问题	"原始管理"
各职能部门之间的竞争目标和 KPI	资源利用率 120%，100 多个项目在进行中，但没有一个完成	奖励救火者 + 提升至领导岗（雇用更多救火者）	反应式，聚焦短期（延迟而非提前）
应用无积极业务成果的工具和方法	缺乏系统性能可见性（导致结果的不可预测，且改进无人问津）	一线团队缺乏主动性和授权	"我们太忙了，没有时间改进"
年度自上而下的规划，不考虑工作一线的实际情况	战略目标的进展不明确	无尽的会议，增值甚微且行动意义有限	增加了自上而下的汇报负担及微观管理

图 2-2　4 类常见且难解决的典型管理问题

在这一章的余下部分，我们将逐一深入探讨每一个障碍。

障碍一：组织的复杂性

如果你的组织由多个团队组成，那么它可能是一个复杂的系统。识别这种复杂系统的一种方法是观察：每当你把什么东西输入系统中时，其结果都是难以预测的。对于那些向客户提供服务或交付产品的组织而言，你提供的输入会在系统中经历一系列处理过程，但在此过程中，关于质量、成本或交付时间方面的结果却存在可变性，使得几乎任何人都难以预测其最终结果。领导力系统的调查数据显示，有高达 94% 的受访者认为，如果组织规模超过 10 人，那么它就是一个复杂的组织。

如果我们仅理解和改进系统的一部分，就无法明确这一改进在系统层面是如何起作用的。我们需要对系统有深入的背景了解、全面的概览以及对系统运行机制的深刻洞察，需要认识的是："复杂系统通常具有高度相互关联且紧密耦合组成部分，这些部分的行为无法仅通过其系统组成部分来单独解释。"换句话说，**如果想在组织层面有更好的表现，那么各团队和部门必须走出自己的孤岛，开始共同关注更广阔的全局图景，监督整个战场的动态，并能够据此做出合理的战术决策。**通过加深对系统整体的共同理解，你可以提升组织的变革能力，并以更加积极的方式影响组织系统的结果。这不仅有助于降低系统内部的复杂度，还能提高结果的可预测性。

大部屋的深度思考

LEADING WITH OBEYA

在判断组织是否复杂系统时，你需要思考以下5个问题。请注意最后一个问题，它揭示了尽管尝试引入新的模型和结构，组织为何仍会回归旧的行为模式。

1. **组织系统是否包含众多相互作用的部分？**
2. **各部分之间的互动是否呈现非线性特征？**
3. **系统内部是否存在反馈机制？**
4. **系统内部是否因果交织，即一个微小的变化能否引发广泛的影响？**
5. **系统是否具备自我组织和自适应的能力？**

复杂性的问题在于，它不会因为传统管理规则的介入而简化或轻易得到解决。系统并不会简单地按照管理者的意愿行事，仅仅因为管理者希望它们做某事，并不意味着系统就能让他们如愿以偿。因此，仅靠战略计划是不够的。战略部署远比仅仅告知人们期望他们遵循的方向更复杂、更具挑战性。

作为战略转型的一部分，通过敏捷或精益方式推出新的组织结构图或团队配置，并不会产生显著的不同效果。这是因为文化跟随结构是拉曼定律的基本前提。该定律表明，除非实际系统作为一个整体被（重新）定义和实施，否则，文化（组织的价值观和行为模式）将不可避免地自我维持现状。

巴特·斯托夫伯格（Bart Stofberg）建议，人类组织本质上具有有机性，应该像管理“生物群落”一样对其进行管理。生物群落是一个包含多种生物的自然生态系统，其中具备孕育新生、促进繁荣发展的所有条件。然而，生物群落并不会听从首席执行官的命令行事，那么我们该如何管理这样的组织以实现预期的结果呢？或者，我们根本无须管控？

任何有过向组织发送战略信息经验的管理者都会知道，他们绝对无法保证这些战略信息能够彻底改变整个组织系统，更不用说确保实现预期的目标了。然而，出于某种未知的原因，我们似乎仍在以机械的方式对待我们的组织。我们仍在不断学习，意识到不能像修理洗衣机那样机械地推动组织取得成功（见图 2-3）。相反，我们必须学习如何影响这个生命的、非机械的生物体——我们的组织，来改变其行为。

你无法简单地走到一个生态系统面前，阐述你的目标和意图，然后希望它能做出回应并遵从。相反，你必须试着去理解它，从中学习，尊重它的本质，然后培育它并与它一起成长，以实现预期的成果。培育一个复杂的系统需要承诺、感知、探索，并接受仍有许多尚需深入理解的事物，同时我们愿意去学习它。你可以接受组织的复杂性，但绝不能忽视它。

许多看似复杂且难以管理的事情，只是因为我们没有投入足够的时间与团队共同尝试和理解这个复杂系统中的各个组成部分及其关联关系，以及它与我们想要实现的目标之间的内在联系。这正是我们在启动大部屋时首先要做的工作。

图 2-3 你不能像修复一台洗衣机那样“修复”一只猫

管理者若想取得成功，必须学会与他人建立关系和联盟。因此，他们需要通过实施有机变革（涉及人员、组织结构、文化等方面）和机械变革（聚焦流程、系统、机器、会计结构等）来提升绩效，以解决组织的复杂性。你会发现，在大部屋中，人际互动是处理这种复杂性的关键因素，因为每个人都掌握着这个复杂系统的一块拼图。

障碍二：人脑的认知特点

我们人类是比我们能够承认的更为原始的生物。几千年来，我们的大脑逐渐发展成了今天的样子，我们每天表现出的许多行为都是由大脑中很久以前就发育出来的部分所驱动的。当然，我们已经了解到了前额叶，它帮助我们进行极其聪明、非常合理且明智的思考。但是，当大脑进入压力或焦虑模式时，它就会退缩回更原始的思维和行为方式。

如果职业倦怠是工作场所压力的一个指标，那么在荷兰，从 2006 年至 2016 年，报告的员工倦怠病例增加了 106%，这可能预示着一些不良的趋势。我们的原始大脑正在更加频繁地发挥作用，有时甚至因为过度活跃而无法在复杂的组织中做出尽可能明智的决策。

大脑如何运作

我们应该了解一些关于大脑如何运作的基本知识，这样，当观察人们在（专业）环境中如何工作时，这些知识将极为有用。它们能够解释为什么有些事情有效，而有些事情则不然。如果我们想改进互动方式并做出（战略）决策以实现目标，这些知识还能帮助我们明确努力的方向（见表 2-1）。

表 2-1　会议期间，大脑参与工作的区域

大脑分区	功能
前额叶	与奖励、注意力、短期记忆任务、计划和动机有关
颞叶	负责将感觉输入处理为派生含义，从而恰当保留视觉记忆、促进语言理解和建立情感关联
顶叶	在便笺上书写并将其放置在相关区域时会激活。此外，在处理数字时也会工作
枕叶	主要负责视觉，并在某些视觉相关任务中活跃。例如，在扫描障碍物或记录移动里程碑等视觉触发事件时，会有所活跃
杏仁核	处理记忆、决策和情绪反应（包括恐惧、焦虑和攻击性等）

偏见如何影响你的决定

研究表明，管理者常常“匆匆忙忙”做出决策，很少倾向于根据支持这些决策的事实和数据来做出判断。这一现象并不奇怪。原始大脑为我们提供了许多有用且反应灵敏的思维和行动路径。这些倾向在人类的进化之路上为我们提供了很多帮助，也往往使我们的感知和决策倾向于冲动反应，而非深思熟虑。《认知偏见宝典》(*Cognitive Bias Codex*)已记录了超过150种偏见，这些偏见对你我每天、每小时和每分钟的想法和行为方式都产生了深刻影响。将这些偏见带入现代工作环境中时，会有许多可能导致非生产性想法和行为的根源。以下是一些典型的陷阱例子，如果不能意识到自己的偏见，我们很可能会陷入其中。

- **妄下结论**
  - **归因偏见。**当我们在特定情境中看到某物或某人时，会立即将其归因于某些属性或特质。例如，当我们看到乞丐时，可能会立刻认为他们是不想学习或工作懒惰的人。我们得出这个结论的速度远比我们探究真正潜在原因的速度要快得多。同样，在商业环境中，这样的偏见也是屡见不鲜。例如，当销售渠道枯竭时，我们会立即归咎于销售人员没有做好自己的工作。又如，当成本过高时，我们会不假思索地认为必须裁员，因为员工是生产成本最高的因素。
  - **确认偏见。**一旦我们对某个事物或人形成初步的看法，就很容易陷入另一个偏见，这个偏见使我们更倾向于接受那些能够证实既有结论的证据或信息。例如，如果首席执行官因为不同意销售总监的销售策略而不喜欢销售总监这个人，那么当销售数据下降时，首席执行官会自动将其归咎于销售总监的工作不力。在这种心态下，首席执行官可能会忽视其他潜在的因素，比如竞争对手推出了更新、更好的产品，或者我们自己的产品质量下降了。此时，我们不再以客观的态度审视问题，而是倾向于强化那些支持我们既有看法的信息，同时削弱或忽视那些可能揭示我们错误的信息。

- **在日常运营中救火或迷失**
  - **德尔摩效应（Delmore Effect）**。让我们更多地专注于更小、更容易完成但重要性较低的任务，而不是去处理那些更大（可能更具战略性）的任务。
  - **双曲贴现（Hyperbolic discounting）**。如果我们能在行为发生后不久就获得一些奖励，我们宁愿做这些能够获得短期奖励的事情，而不是做那些对遥远未来有回报的事情。事实上，我们常常低估了那些不能立即获得的回报，而对那些容易摘取的低垂的果实给予了更高的偏好。因此，我们并不是专注于制定和执行长期战略，而是忙于追求短期利益，即使这些短期利益对长期目标没有任何贡献。
- **避免复杂性**

  人们倾向于避免复杂性，力求简洁明了。因为复杂性需要消耗大量的时间和精力去应对。事实上，当人们说某件事情很复杂时，往往是因为还不了解它是如何运作的。因此，我们更倾向于选择那些貌似更简单的事情，因为它们更容易被处理和理解。因此，这种倾向可能导致我们只解决那些更简单的问题，而忽视了更复杂、更关键的问题。
- **问题替代**

  我们有时会用简单的问题来替代复杂或困难的问题。例如，在询问项目经理项目进展时，项目经理会将问题重新构建为："你今天对你的项目感觉如何？"从而得到比预期更主观的答案。因此，我们应该避免用简单的问题来替代真实的、困难的问题，这就是为什么在大部屋的例行程序中，我们要仔细提出问题，确保问题能够真实反映我们需要了解的信息，正如你将在第 4 章所看到的那样。

- **根据对自己有益的因素（不一定对他人有益）来做选择**

  我们往往倾向于根据自己的利益来做决定。虽然结果确实支持利己主义者对自我利益的需求，但这并不一定意味着我们是出于有意识地追求自我利益而行动的。我们大脑中的各种工作机制会自然地倾向于做出有利于自我利益的决定，或者使我们更有可能支持那些已经喜欢的或偏爱的想法。因此，我们希望管理团队的所有成员能在一个公平竞争的环境中做出决定，这个环境应该充满客观信息，这些信息能够全面地展现我们做出决策系统的每个重要方面。

- **大脑自动构造事物**

  我们的大脑有时会构建出不真实存在的事物，或者当信息对实现预定目标没有帮助时，我们往往会选择忽略它。如果我们的可视化管理和例行程序无法有效支持感知输入，我们的行为将受到大脑试图以最小的努力解释现实的强烈影响。在这种情况下，我们倾向于走捷径而非深入分析围绕我们（业务）的复杂挑战。这意味着，作为管理者，我会做出我认为正确的决定，但这些决定不一定能带来更大的利益。我可能会停止学习和反思那些我认为对组织真正有益的事情，而基于脑海中已有的成见去选择一个方向，并寻找或编造证据来支持我的决定。同时，我可能会无意识地忽略那些表明我的行动正在损害更大利益的信号或证据。

- **高估自己和厌恶学习**

  我们往往会高估自己的能力，并且相较他人的能力，也会过高地评价自己。因此，承认自身的缺陷、主动寻求帮助或向他人学习变得困难。这种现象在西方文化中更为普遍。

因此，这仅仅是一个清单，列举了如果我们不能积极地预防自己陷入偏见陷阱，那么在你我身上都会发生的几件事。但是，我们如何避免陷入偏见陷阱呢？

如何激活脑力

丹尼尔・卡尼曼[①]认为，我们可以进入两个思维系统，他简单地（并且有意识地）将其称为系统 1 和系统 2（见图 2-4）。系统 1 是我们的生存系统，始终保持激活状态并且反应极其灵敏，它可以帮助我们迅速摆脱严重危险的情况，比如当我们在树林中遇到熊时。相比之下，系统 2 的启动速度要慢得多，而且我们调用它的机会有限，因为它需要更多的注意力和认知资源。为了应对复杂的任务，我们必须有意识地调用系统 2。例如，在进行杂耍练习的同时完成数学计算挑战，就需要系统 2 的参与。

组织面临的一个关键挑战是，当我们需要系统 2 来解决复杂问题时，往往还需要先有意识地激活该系统。然而，当前在组织中面临的许多复杂问题都需要在时间限制下快速解决，并且通常伴随着关于问题本身的极端信息过载，以及一些无用的信息和干扰因素。因此，我们需要充分利用系统 2 来应对制定和执行战略过程中涉及的复杂性。但与此同时，信息过载及时间紧迫却常常阻碍我们有效激活系统 2。

① 诺贝尔经济学奖得主，著有畅销书《噪声》，该书中文简体字版已由湛庐引进，浙江教育出版社于 2021 年出版。——编者注

图 2-4 系统 1 和系统 2 的思维特性

在大部屋中，定期有序的会议模式让我们能够更有效地利用时间，从而专注于系统 2 的运作。这样，我们就可以将更多的系统 2 资源用于处理复杂问题，而不必被会议的程序性事务所束缚。

此外，在大部屋中，我们持续地引入与目标和事实相关的各种外界刺激，以此激发大脑的活跃度。相比于阅读电子邮件或报告，大部屋鼓励积极地互动。人们可以在房间里自由地走动，直接指出问题的关键所在。这里没有固定的演讲者和听众之分，即使是两人在八人桌上也能展开热烈的讨论。取而代之的是，我们设置了一个真人大小的视觉展示结构，其中包含事实和数据，吸引着人们驻足观看并积极参与回答那些对提升组织实践技能至关重要的问题。

实际上，与过去你常常参加的那些气氛沉闷、缺乏活力的旧式会议相比，大部屋的会议模式能够激发更多的神经突触活动。这种变化不仅提升了参与者的投入度，增强了记忆力，还有力地促进了系统 2 思维的发展（见图 2-5）。

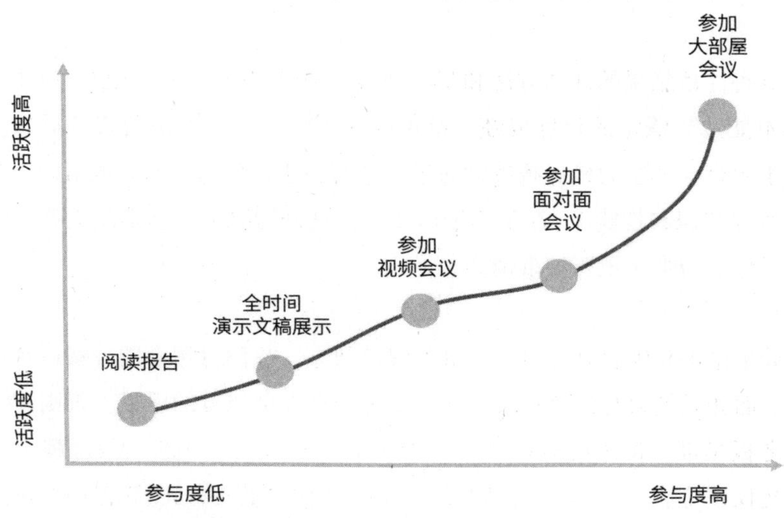

图 2-5　不同类型的信息共享对大脑活动和与他人互动的影响

障碍三：管理哲学的百年误用

目标管理法

在 20 世纪，涌现了几位对管理哲学产生重大影响的人物。其中一位杰出人物是彼得・德鲁克，他并非单纯的经济学家，还是一位管理学家，他将目标管理法（MBO）引入了管理领域。这是一个被广泛采纳的系统，它深刻影响了我们今天在“西方化”社会中进行会计和报告的方式。尽管这一管理哲学被视为伟大的，但不得不承认，我们尚未达到它设定的全部期望。

目标管理法背后的核心理念是，通过衡量管理者所设定的目标的实现情况来评估其工作成果。这一方法基于一个底层假设，即任何一位管理者都足够聪明和富有创造力，能够制定出切实可行的目标并确保其实现。如果某位管理者无法做到这一点，可能意味着他在这一职位上存在不足。

这种注重结果的评估方法和制度体系也被应用在了许多学校系统中。如果你不能达到既定的目标成绩，就可能面临无法升级而被留级的后果。因此，学生会不遗余力地寻找各种通过考试的办法，例如参加应试培训（而非真正掌握知识和技能），甚至不惜作弊。在这种情况下，从本质上看，实现既定目标成为唯一重要的事情。

如果结果是朝着既定目标前进的绿色状态，我们自然会期待获得赞美和奖励。而如果结果是红色状态，除非不至于引发更严重的后果，否则，无论你的老板是谁，都可能对你进行严肃谈话。在追求 KPI 的实现过程中，如果目光仅锁定在达成这些指标上，而忽略评估如何有效地满足 KPI 的方法和过程，那么在问责时可能出现很多错误。

我们持续面临的一个管理问题是，评估管理成功与否的主要指标往往是金钱。这几乎成了我们表达公司价值的唯一方式，也往往是激励及其行为的主要驱动力。对于以公平、负责的方式赚钱，我并无异议。但是，**如果你想培养一个健康的组织，为客户提供高质量的产品和服务，那么最好不要把赚钱作为成功的唯一驱动力，而应将之视为目标成功后的自然结果。**

大脑的奖励中心对行为具有强大的驱动力，在设定个人目标时，人们往往会表现出以下倾向：

- 专注于他们的个人目标，而忽视整体成功的更大全局，这可能导致组织、团队和成员之间出现孤立行为。
- 受到激励显著性的驱使，使他们持续致力于那些已经过时或由于情况变化而应降低优先级的目标。

- 尽其所能去实现目标，即使这意味着需要采取一些可能违背道德原则或超越道德边界的行为。
- 由于害怕受到惩罚，而选择隐藏那些可能表明目标未能实现的问题，掩盖自己不称职的迹象。
- 一旦目标实现，人们往往会暂停对进步的追求，因为这样做可能不再带来直接的回报。事实上，这样做可能会提高来年获得奖金的标准，使得新的目标和相关奖励变得更难达到。

这一切都可以理解，毕竟我们是人。你不能责怪任何人为自己追求奖励这一目的。但是，你可以尝试以不同的方式思考奖励（以及动机）。我相信世界需要这一改变，因为有很多危机和丑闻的案例，就是由于盲目和过度地追求目标所导致的。以下列举两个例子加以说明：

- 2008 年的次贷危机。当时的目标是通过出售抵押贷款来赚取更多的钱。虽然所有数字都呈积极态势（绿色），人们也确实赚了很多钱，但最终抵押贷款市场彻底崩溃，引发了全球金融危机。
- 2015 年的大众汽车柴油排放丑闻。大众汽车制造这些汽车的目标仅是满足严格的排放测试标准，而非真正制造更环保的汽车，这导致了大规模的欺诈行为被揭露。

将你的管理精力集中于何处

有趣的是，在 20 世纪，还有另一位伟大的影响者不同意德鲁克的目标管理法。这位影响者是戴明，他在 20 世纪 50 年代向日本汽车制造商推广了持续改进循环并发挥了重要作用。戴明明确反对德鲁克的观点，他主张绩效提升不应仅来自目标设定而忽视系统本身。根据戴明的观点，重点应该放在优化实现目标的生产过程上，并且任何目标的设定都应始终以客户和干系人的价值为依据进行审查。

具有讽刺意味的是，虽然戴明的观点在当时似乎对西方管理实践没有产生显著影响，但在日本却得到了很好的落地与实施。事实上，深入研究丰田生产系统（作为精益生产的基础），我们会发现戴明的持续改进观点为丰田提供了有力参考，在丰田的工作方式中得到了实际应用。

在大部屋中，达成具体目标并非最终目的，集中精力对齐努力的方向才是。就像跨越多年的项目不可能与预先计划完全一致，跨越多年的目标也不可能在我们尚无法预知的未来就提前定义好。至关重要的是，要明确前进的方向，即真正的“北方”，并坚持不懈地对齐我们的努力，朝着这个方向前进。但这并不意味着要通过预先确定可衡量的成果目标，并忽视实现这些目标所需努力的意图和过程。目标已经转变为：在尊重人的前提下，实现持续改进（见图 2-7）。

德鲁克（1909—2005）

目标管理法：

确定目标，并找出实现它的途径

实践特点：
- 管理者必须知道所有答案
- 基于机会
- 依靠自我利益驱动以完成自己的目标

戴明（1900—1993）

持续改进循环：

通过构建一个持续改进的系统来产生结果，以实现目标

实践特点：
- 事实来自执行工作的地方
- 目标恒定
- 依靠尊重个人的系统整体改进驱动力

图 2-7　德鲁克和戴明的观点

我们致力于改进工作方式，同时持续监控进度，设定新的挑战，进行实验，并与我们的（潜在未来）客户共同反思，以期达成既定的战略成果。在此过程中，管理者不仅学会了运用这种方法，还会指导其团队成员在我们的组织内部构建强大且统一的学习能力，进而巩固并扩大我们的竞争优势。

成功采用戴明绩效改进理念的团队，在提高绩效阈值方面显得游刃有余。他们生成的报告不再总是保持绿色，而是适时变红。这些团队天生具备改进工作方式的动力，他们真正将红色信号视为工作指引，帮助自己聚焦必须改进的领域。西瓜报告[①]的日子已经一去不复返了，不是吗？那么，究竟是什么在阻碍我们持续前行，不断迈向更高的绩效水平呢？

大部屋中如何解决目标和指标的关系

目标管理法被一些人视为当今世界许多顽固问题的潜在根源之一。这不仅关乎追逐目标的人，更在于目标的设定和管理方式本身。2008 年，莫妮卡・弗兰科 – 桑托斯（Monica Franco-Santos）和迈克・伯恩（Mike Bourne）在销售环境中对 KPI 的研究揭示了与目标设定相关的 10 个常见问题。值得注意的是，该研究中的组织，与众多其他组织一样，将员工的 KPI 表现与其奖金和财务奖励相挂钩。正如戴明所言：“有恐惧的地方，你就会得到错误的数字。”我想补充一句话来概括本章的精髓：**“当奖励机制过度侧重于金钱利益时，系统往往会受到人为操纵的负面影响。”**

接下来，让我们来看看一些已知的目标设定问题，并探讨在大部屋中如何有效地解决它们。表 2-2 中列出了来自前面提到的弗兰科 – 桑托斯和伯恩研究的目标设定问题，右边则是我们在大部屋中找到的针对这些问题的解决方法。

---

① 指那些外表看似绿色，实则内部问题重重的报告，象征着表面上的良好态势掩盖了实际绩效的严重问题。

表 2-2 大部屋中如何解决目标设定问题

目标设定问题	大部屋中的解决方法
目标设定主要基于过去的业绩。然而，一旦这些带有奖金激励机制的目标被分配给个人，他们会认为这些目标设置得过高或过低，从而影响他们实现这些目标的积极性和对目标可行性的评估	达到团队目标与获得个人奖金之间不会有任何关联。这样做旨在避免个人出于私利而牺牲团队在系统层面上追求整体成功的努力
目标在整个销售团队中的分配存在不合理之处	绩效是团队共同努力的结果，每个人都致力于支持并促成团队总目标的实现
一些目标的设定是基于错误的绩效指标，这种现象常被形象地比喻为“击中靶心，却偏离了目标”	指标主要用于理解系统的绩效表现，因此它更多地被用于学习目的，而非其他。关键在于在系统层面需要采取哪些措施以实现既定目标
目标设定完全依赖财务指标，即使像客户关系这样同等重要的非财务性指标也会被忽视	财务只是众多指标之一。所有关键成功因素之间的平衡都会受到严格监控，财务方面的表现与客户满意度、员工幸福感和企业社会责任（具体取决于组织或团队的关注点）等议题处于同等重要的地位
目标设定所依据的数据分析过程存在明显不足，缺乏严谨性和准确性	通过使用改善套路，我们会不断审视和深入分析各项指标和目标，以明确它们对系统影响的相关性和有效性
目标未能得到定期审查，导致它们被临时性的事件所取代	我们每两周会在系统层面审查一次绩效和进度。每次会议都会以讨论计划的潜在变化或在执行过程中遇到的问题为开端
目标被“赋予”个人，因此无法激发他们的主人翁感和责任感	制定的目标是从战略层面逐级分解下来的，并通过团队成员之间的沟通与协作来达成一致。这通常伴随着对目标承诺的明确表达，即那些将致力于实现这些目标的人会声明：“这是我认为下一步必须做的事情，而这就是我需要你协助完成的部分。”

续表

目标设定问题	大部屋中的解决方法
未充分考虑各个目标之间的相互关系，导致目标之间的不一致性	绩效被视为一个综合性整体，它要求平衡各个关键成功因素之间的关联，以便我们能够深入了解每个因素如何受到其他因素的影响以及它们如何相互作用
行动计划通过协商达成一致是例外情况，而非普遍现象或常态	通过定期会议和例行程序，团队会回顾和学习已实施的行动。在规划后续步骤时，需要充分考虑从这些结果中学到的经验教训

障碍四：对领导力系统的忽视

任何只关注管理者个人的领导力分析都是片面的。

——哈斯拉姆、赖歇尔和柏拉图

什么是领导力系统

如果我们深入组织内部进行观察，并尝试简化对它的理解方式，会清晰地识别出两类人：一类是忙于规划长期目标并致力于确保这些目标得以实现的人；另一类则是专注于执行那些对客户具有实际价值的工作的人。

这两类人各自拥有独特的工作类型、职位描述、工作流程及工作方式。因此，可以说，整个组织内部实际上存在着两个相互依存、并行运作的系统（见图 2-8）。

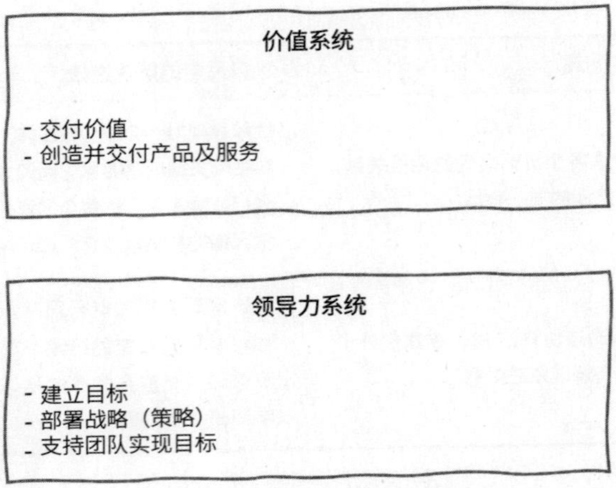

价值系统

- 交付价值
- 创造并交付产品及服务

领导力系统

- 建立目标
- 部署战略（策略）
- 支持团队实现目标

图 2-8 价值系统与领导力系统

价值系统[①]是经营团队进行“增值”活动的地方，旨在创建、交付和/或提供对客户[②]有价值的产品或服务。在价值体系中，这涵盖了多种活动，从治愈患者、为客户开设银行账户到组装汽车等，确保客户在他们期望的条件下，于需要之时，能够获得他们想要的商品或服务。

价值系统的核心目标是最大限度地提升客户认可的有价值成果。在此背景下，价值体系不仅关注客户需求的满足，还涵盖了组织（例如，通过推广产品和服务以增加利润）、其员工（例如，提供人力资源服务以促进员工成长和发展）以及干系人（例如，以会计和监管报告来满足法律和财务要求）的增值职能部门。

在自行车工厂的示例中，生产系统涵盖了工作车间内所发生的所有活

① 了解丰田生产系统的人深知，价值系统不仅限于生产范畴，其理念在更广泛的环境，如服务领域同样适用，而其精髓，则在于如何高效地创造实际价值。

② 当我们提到“客户”时，它涵盖了从团队、部门或组织接收产品或服务的广泛群体，包括付费客户、患者、公共服务的用户，以及组织内部使用你创建的服务或产品的其他团队。

动，这些活动不仅涉及产品的制造（例如，自行车的组装与测试），还包括与之相关的服务（例如，接收订单、销售自行车的网站运营等）（见图 2-9）。

图 2-9　自行车工厂中的价值系统和领导力系统

领导力系统[①]为价值体系运作提供了必要的背景信息、指导原则和基础架构。它首先确立目标，随后制定一系列旨在满足干系人需求的政策。例如，遵循政府监管要求或实现环境目标。此外，领导力系统还构建了一个综合性的体系，该体系在组织宗旨的总体框架下，将多个产品和/或服务联结在一起。

领导力系统最终负责确保战略的制定与生产系统保持一致，以促使价值的交付与组织有限资源的利用达到最佳匹配状态，从而以最优化的方式实现既定目标。该系统涵盖了管理者在推动组织发展过程中所面临的关键挑战。

① 领导力系统：指在整个组织中正式和非正式地行使领导权的方式；它是关键决策制定、沟通以及执行的基础和运作机制。它涵盖了决策的结构和流程、双向沟通机制、管理者的选拔和培养，以及价值观、道德行为、战略方向和绩效期望的强化。

关注个体的成功，而不是领导力

多年以前，我和我的老同事兼好友巴特·斯托夫伯格共同承担了一项任务——协助一个管理团队规划新的战略和运营模式。他提议我们采用的一个关键问题是：“你如何定义你团队的成功？”这个问题看似直截了当，但每个人心中都有各自的答案，我当时是这样想的。毕竟，如果我们连这一点都不清楚，那么如何能在工作优先级上达成共识，如何保持与团队步调一致，乃至每天如何充满动力地投入工作中呢？

我从采访的每个团队成员那里汲取了一个重要的教训。有些人能迅速给出答案，而另一些人则花费了两三个小时的时间来精心构想一个合适的定义。然而，即便是这样，每个人对于“我们何时才算成功”的看法仍然各不相同。令我惊讶的是，这样一个看似简单的问题，在每周共同工作的团队中竟然能引发如此多样的回答。在过去的 13 年里，我所接触的团队中，很少有团队成员能够真正就个人目标、活动以及组织总体目标之间的关联达成共识（见图 2-10）。

图 2-10　管理者只关注手里的一块拼图，而不是整个大局

如果每个团队成员都积极行使他们的领导责任，努力使团队朝着实现某个目标的方向步调一致地前进，但此时我们并不真正清楚这个目标是什么，那么这种情况会对我们的团队在一致性方面产生怎样的影响呢？

在我对弗雷德·马蒂森的采访中，他将新经理在无视现有方法的同时引入自己方法的现象形象地称为“一天热度”（the flavor of the day）。这意味着所有的投资、项目、学习计划等都将被搁置或丢弃。

个人主义领导力增加了组织的复杂性

然而，即便所有管理者都保持现状，不做出大的变动，个人领导风格的多样性以及他们各自对目标的不同解读，也无形中增加了团队的复杂性。与一位管理者的互动很可能产生与另一位管理者互动时截然不同的结果。众所周知，管理优先事项和行为的高度多样性并非衡量高效、一致行动的指标，尤其当该职能需要为团队提供连贯性和一致性时，这种多样性反而可能成为障碍。

如果大家都秉持“人人为己”的态度，那么在管理者层面，我们可能会遇到以下问题：

- **领导素质的潜在不连续性。**当某位管理者离职时，其独特的领导素质可能无法被有效传承，导致领导力出现断层。
- **缺乏内部能力培养机制。**组织缺乏系统性的内部领导力培养机制，难以有效提升领导团队的能力。
- **部门各自为政。**部门被自己的目标驱动，而不是由组织的共同目标驱动。

- **质量与方法的多变性。**由于管理者都有各自的方法和标准，这可能导致组织内部在运作方法上的不一致（见图 2-11）。
- **工作方式的不当运用。**采用那些对组织或他人产生负面效果的工作方式。
- **资源浪费。**组织内部会议频繁但效率低下，资源被分散到不相关的项目，而非集中力量完成关键项目。
- **救火模式。**不是从根本上修复系统，而是只对环境中的问题做出反应。

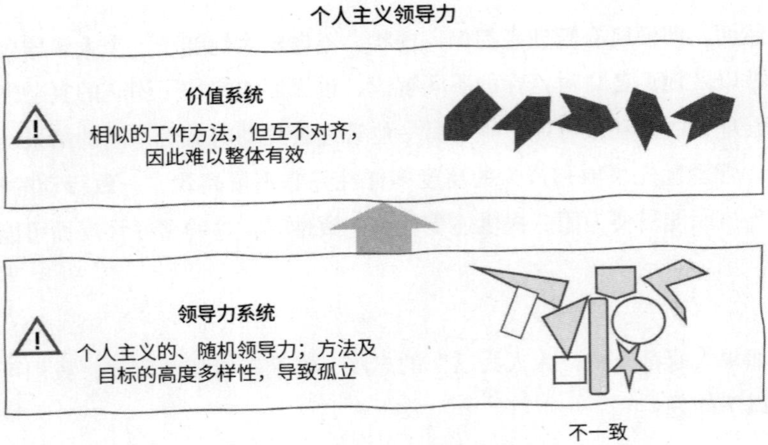

图 2-11 随机领导力破坏了价值系统

我曾经见过一个标记为“前 10 名”的优先级列表，但其中所列事项的优先级实际上“都处于相同等级”。因此，真正的优先级排序工作被留给了下一级管理层的个别经理。然而，更为棘手的是，最终对工作进行优先级排序的任务落在了负责为多个客户提供服务的运营团队肩上。试想，当一个本应把精力放在为客户交付价值的团队，没有得到领导的明确指导和支持，反而需要额外花费时间来组织和协调与其他团队的工作对齐时，会产生什么后果呢？除了没有得到领导职能的有效支持和引导之外，他们还必须投入更多的宝贵时间在非增值的对齐活动中，从而减少了直接为客户增加价值的时间。

我们必须找到一种方法，将我们的组织目标系统地、一致地从愿景和战略转化为具体而有意义的工作，同时鼓励人们积极参与，以促进组织的蓬勃发展。这是一项至关重要的领导任务，无论管理者在组织中处于哪个层级[①]。我们不能仅依赖个别管理者自己去摸索最好的方法来实现这一目标，因为这样的做法不能保证整个组织的成功。我们必须从更加宏观的、系统性的角度出发，为所有管理者培养一种类似于“素质对齐”的关键技能。但是，我们如何确保管理者真正掌握并有效运用这种技能呢？

缺乏系统化的方法提升领导力

全球知名市场研究和数据分析公司盖洛普（Gallup）的一项研究表明，82% 的管理者之所以被选中，是因为他们在之前的非管理职位上表现非常出色，因此他们几乎缺乏直接的管理经验。面对这样的现状，我们不禁要问，该如何培养优秀管理者所需要具备的素质呢？更进一步，又该如何将这些素质转化为组织中优秀管理者的实际表现呢？

领导力是个人可以学习并不断提升的一项技艺。它是技能、才华与个人在特定工作环境中领导一群人的能力的综合体现。令我印象深刻的是，迄今为止，在我合作过的众多组织中，我几乎没有见到过一种系统性的、可预测的、可传授的且一致的方法来指导管理团队学习如何与运营团队紧密合作，共同将目标转化为实际行动，并在实践中不断践行与改进这些做法。

---

① 包括自治团队的管理者，他们虽然享有自主权，但仍能从团队之间的一致性模型中获益匪浅。

相反，我们更倾向于提拔那些我们个人喜欢的人，而不是专注于在组织中积极培养具有实际组织能力和领导力的人才。研究表明，在西方传统的领导力模式中，那些晋升机会较多的管理者，往往是在人际交往上花费时间最多，而在人才培养上投入时间最少的人。

组织倾向于将个人提升至管理岗位，随后要求他们通过向管理层和员工（如风险管理部门、会计部门等）提交关于管理工作（如项目进度、绩效评估等）的强制性报告，以满足基本的职责要求。接着，评估此人在新岗位上成功与否的标准，主要基于他或她达成这些报告中所设定目标的能力，这些目标通常与个人绩效指标紧密相连。至于超出这些基本要求的部分，则更多地依赖于个人的才能与领导力，这通常是通过通用领导力培训来进一步培养和提升的。

研究表明，管理者获得最多的认可或回报通常是因为“实现短期绩效目标”，其次是“建立并维护良好的人际关系网（认识合适的人）”以及“有效解决紧急问题或危机”。

组织系统不会仅仅因为你成为一个伟大的管理者而给予奖励，它会根据你是否能够实现既定目标以及你作为一名优秀的“救火队员”（能迅速应对并解决突发问题）的表现来给予相应的认可或奖励。

从个人管理者到领导力系统

在一项调查中，高达 65% 的受访者表示，他们不认为管理团队已经确立了能够有效引导团队并促进与运营部门协同一致的高效工作方式。难道领导体系的核心功能，不正是要确保运营团队能够顺利执行并达成具有意义的目标吗？

在组织中，将领导方式系统化不仅能够提升效率，而且当这种方式成为一种可预测且可重复的工作方式时，组织便能够开始系统地培训并培养人员进入领导体系。这种模式为团队提供了一个稳定且可靠的框架环境，促进了整个组织内部的运行协调一致。它帮助个人摆脱忙于救火的旧有模式，转而专注于在系统层面解决真正的问题。

此外，若我们确立了一个前后一致的领导工作方式标准，便可通过领导链条及运营团队中新晋的、有抱负的管理者来教授、推广并精进这种领导力方法。实际上，这构成了一个既能促进个人成长又能提升整体领导效能的模式。大部屋就是在领导力系统中实现标准化的有效手段，同时能最大限度地发挥人力资源的领导潜力。

> 领导力系统的效能得到了证明，因为在组织重组后，我们相较于其他部门，能够更迅速且显著地恢复并达到理想的业务绩效水平。
>
> ——雷德威·范德尔舒尔（Liedewij van der Scheer），精益黑带

从此，我们将从系统视角出发，深入探讨组织中的领导力。**将领导力的范式从单一聚焦个人管理者转变为将其视为一个整体系统，是优化和提升组织系统效能的必要条件。为了实现组织的总体目标，我们必须确保组织内部有明确目的的部分彼此协同，并与组织的整体战略和目标保持高度一致。**

领导力系统服务于运营团队[①]，其目的在于优化组织内的整体工作流程，以确保组织的目标和战略能够以最有效的方式实现。从这个角度来看，领导力系统促进了成功战略的有效执行（见图 2-12）。

① 运营团队：指那些直接为客户和干系人提供价值，而不是履行高层管理职能的团队。

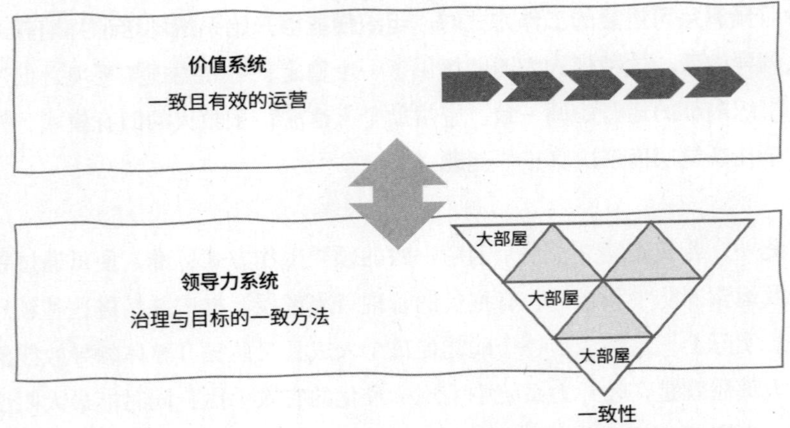

图 2-12 从个人主义领导力到系统性领导力

大部屋引入了一种系统性的方法，该方法本质上要求将组织层级中的下一层级也纳入考量，从而在管理技术层面实现统一，并为组织中所有级别的管理和运营团队带来了前所未有的单一目标的一致性。这种方法不仅为日常工作赋予了深远的意义，还极大地激发了那些怀揣雄心壮志的团队成员的积极性，最重要的是，它为你的组织注入了新的活力。随着全面学习和持续改进能力的不断提升，显著的结果开始逐渐显现。

LEADING WITH OBEYA

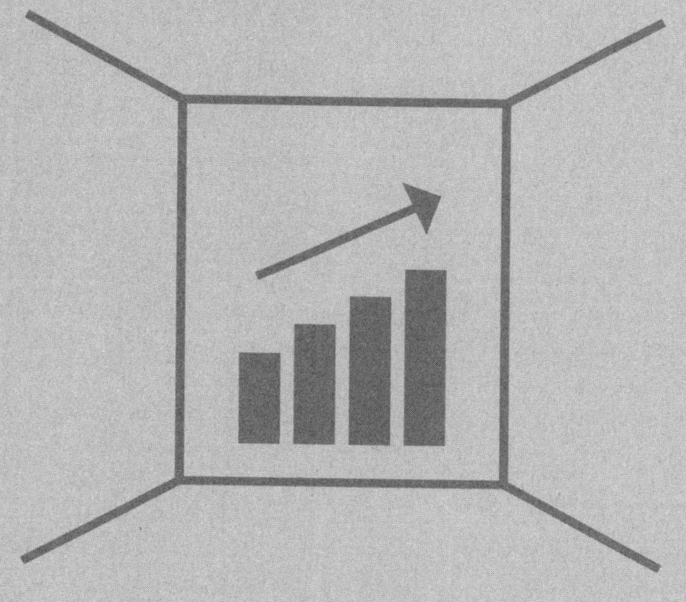

第 3 章

理解 7 大原则，始终牢记对齐战略目标

大部屋确实能够帮助团队达成目标，但这一过程看似简单实则不易。如果仅将大部屋视为一种可视化手段，那便大大低估了它的价值。大部屋不仅关乎可视化，更关乎我们在这一空间内的互动方式。**可视化仅是辅助我们认知的一个工具，真正重要的是我们如何基于这些信息采取行动。**

接下来，我们来探讨大部屋在促进管理团队成长中的具体作用。基于近 10 年在不同环境和分支机构中专注于大部屋应用的经验，我发现这一工具无论是在推动组织目标实现上，还是在处理日常管理事务上，都对管理团队的有效性产生了极为积极的影响。采用大部屋的团队持续反馈其带来的诸多益处，这并非仅仅因为墙上的内容展示，而是因为他们能够将工作的精髓转化为富有意义且可视化的形式，在团队成员间共享这些见解，并将其融入日常工作中，从而产生了显著的效果。

> 在大家各自忙得不可开交之前，我们需要更加明确我们在做什么，以及这些行动对整体战略的意义所在。目前，我们正加大对实现目标进度的审视力度，并有意识地决定何时启动新的倡议。
>
> ——本杰明·德荣（Benjamin de Jong），敏捷教练

大部屋成功的关键在于，其领导体系从模糊变得清晰可见。一踏入这个房间，你便能立刻明白为什么团队中的每个人日复一日地会聚于此。这里不仅彰显了他们的当前进展，还清晰地描绘了他们未来追求更高绩效的蓝图。

此外，他们所做的每一项工作都与商业战略紧密相连，始终聚焦于成果。以丰田团队为例，当他们正在研发第一辆普锐斯汽车时，汽车原型就被置于宽敞的大部屋中，这里的管理团队不遗余力地通过视觉展示与深入对话，让整个组织如同普锐斯原型一样，变得具体而生动。

大部屋有效运行的唯一方法是，确保你的组织系统中的每个环节都有代表在场，同时，这些代表愿意共同观察、学习和行动。团队需要拥抱一种以发现他们组织的“普锐斯”为方向的思维模式和行动方式。

在大部屋行为模型中，我们从墙上找到了关于思考和行动方面的原则，或在某个基础层面上找到了这些核心内容。在本章中，我们将逐一探讨它们，以了解它们是如何保障大部屋有效运行的。对于精益和敏捷的从业者来说，这些原则或许已经耳熟能详，但我们还是会在本书中结合大部屋的概念，并从初学者的角度出发来解释它们（见图 3-1）。

图 3-1 大部屋有效运行的 7 大原则

人们不能仅凭墙上的可视化内容就评判大部屋的有效性。这些内容仅仅是冰山一角。大部屋的真正价值隐藏在水下（见图 3-2）。

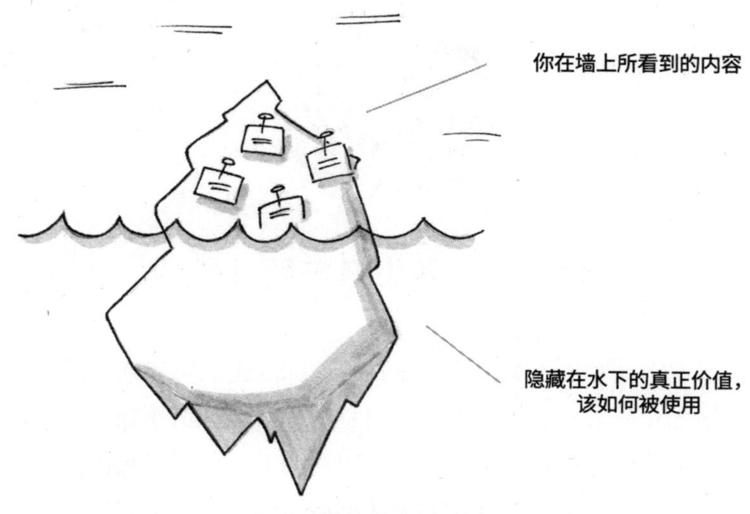

图 3-2 大部屋可视化内容的冰山模型

若期望在不改变团队习惯和行为的情况下开始使用大部屋并获得显著不同的结果，那是不切实际的。**大部屋的真正价值在于促使使用它的团队改变行为和决策方式。**大部屋墙上的可视化内容，实际上反映了管理团队对自身领导力和生产系统的理解深度。因此，这些图像不仅展示了信息，还无意中暴露了某些思维方式，以及团队如何看待组织、人员、产品等方面的问题。墙上的内容是团队愿意且能够向彼此以及组织中的其他成员展示的工作成果和理念的缩影。

在大部屋中，创建有效可视化内容的能力，可能与他们在传统管理环境中使用的技能大相径庭。团队必须意识到，他们将踏上一段持续改进和实践的旅程，旨在从视觉层面以及习惯和思维方式上，最大化他们在大部屋中的效率。

现在，我们将讨论思考与行动的关键原则，这些原则构成了管理团队能够成功运用大部屋的基石。

原则一：系统思考与明确责权

在第 1 章中，我们看到，由于复杂性，你的组织可能缺乏一个明确的输入输出机制来有效执行战略并实现目标。你不能像简单输入一段命令型代码那样，期望能轻松地实现成功的交付或结果。此外，政治因素、孤立现象、个人目标的冲突，以及我们无法准确预测未来并全面监控系统中所有事物和人员如何应对变化，这些因素都使得我们很难以有效的方式达成目标。

如果我们不致力于理解该系统以及它如何影响组织内各级别所做出的决策和行动，那么“运气”在战略规划结果中的影响力可能会远远超过“技能”。**系统思维至关重要的原因是：我们必须携手合作，揭示并深入理解我们组织的运作系统。**

暴露和理解系统的复杂性

在《反脆弱》（*Antifragile*）中，作者纳西姆·尼古拉斯·塔勒布（Nassim Nichdas Taleb）深入探讨了“因果模糊性”。他认为，我们往往对复杂系统的运作机制一无所知，也不清楚一件事与另一件事之间的确切关联方式。当我们试图影响系统的某个具体环节时，往往无法准确预测将会发生什么。

由于对复杂性的固有偏见，我们倾向于避免以直面的方式去理解它，转而采取逃避的态度。每当问题（或更常见的是症状）浮现时，我们便开始进行“故障排除”，用“补丁”来暂时缓解问题。然而，我们往往意识不到这种做法的局限性，因为系统的复杂性让我们难以窥见全貌。

面对来自不受欢迎且难以理解的系统产生的结果，另一种常见的应对方法是增加流程和管理的负担。例如，当产品在生产周期结束时出现问题，企业往往倾向于增加测试环节，以防止不良产品流入市场（见图 3-3）。

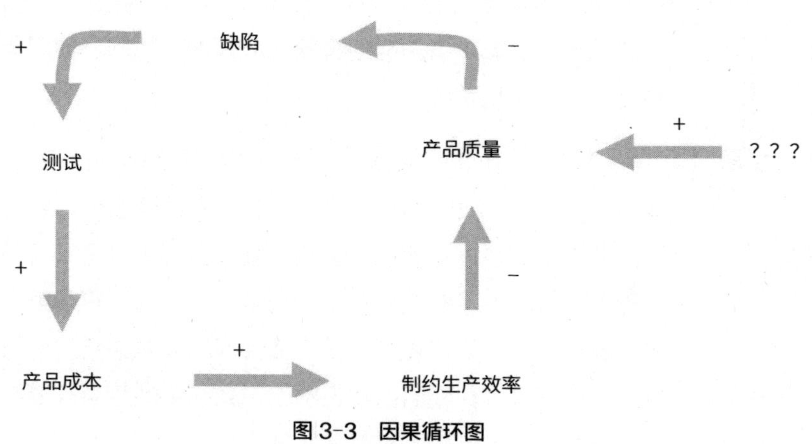

图 3-3　因果循环图

但是这种额外的测试可能既乏味又耗时，且不能为客户增加价值。相比之下，在精益工作方式中，倡导寻找问题的根本原因，以此揭示系统更深层问题所在。通过了解系统为什么会产生质量问题，我们可以采取针对性措施来消除根本原因，从而提高产品质量，并避免材料（问题产品）和宝贵时间的浪费。

要做到这一点，你确实需要时间。修补问题或症状看似需要较少的时间，因此人们往往倾向于采取这种直接的“灭火式”解决方案。然而，这样做会使原本就复杂的系统陷入无谓的循环之中，不断以不同的方式重新修复相同的症状，却忽略了问题的根本原因。我们的系统 1 思维未能充分识别出“灭火式”行动可能带来的负面（或正面，尽管较少见）影响。

运用可视化技术降低系统的复杂性

为了深入理解你的系统并降低其复杂性，与你的团队共同投入时间创建可视化的呈现方式是非常有益的。这可以通过运用可视化技术来实现。例如，绘制如图 3-3 所示的因果循环图，该图能够有效地与管理团队的其他成员共享背景信息和系统动态。

接下来，让我们通过一个示例来具体说明。在荷兰，骑自行车是一种普遍的出行方式。设想你经营着一家自行车制造工厂，当前这家工厂面临与其他自行车制造商之间的激烈竞争。为了在这场竞争中脱颖而出，工厂需要解决的主要挑战在于如何生产出既价格合理又质量上乘的自行车。在此情境下，我们已经识别出了系统中的两个关键因素：自行车的生产成本和产品质量。

这两个关键因素之间存在一个显著的冲突点，即尝试通过从价格更低的供应商处采购自行车零件来降低成本，这种做法往往会对自行车组装后的质量产生不良影响。因此，我们需要探索其他降低成本的途径，而无须牺牲自行车零件的质量，以避免使用那些价格低廉但品质不佳的零件。

让我们探索另一个可能有助于降低自行车生产成本的因素。劳动力成本在自行车制造的总成本中占据重要位置。如果能找到有效的方法来降低每辆自行车的人工费用，那么我们就能将自行车的总体成本维持在较低水平。

现在，我们识别出了两个影响每辆自行车劳动力成本的新因素：工资水平和每个成本单位（如小时）内生产的自行车数量。然而，在着手降低劳动力成本之前，我们需要谨慎行事。因为很快我们会发现，那些能够在规定时间内按照高标准组装出最多自行车的顶尖自行车工程师正在流失，原因是他们能在其他地方赚到更高的薪酬。

如果这种趋势持续不减，我们将陷入一种恶性循环之中，导致自行车的组装质量和产量双双下滑。那么，为了扭转这一局面，我们可以通过调整系统中的哪个环节来产生积极的影响呢？

如果我们能提升每个成本单位（以欧元每小时计算）所生产的自行车数量，即提高自行车产量与工资成本之间的比率，会带来怎样的变化呢？

这意味着，在保持工资总额不变的情况下，我们能够生产出更多的自行车，从而有效降低每辆自行车的平均成本。或许，通过优化我们的生产流程，能找到一种在不增加人员或工资总额的前提下，生产出更多高质量的自行车的方法（见图 3-4）。

瞧，你已经找到了一个绝佳的起点来推动改进，我们将在“原则六：持续改进”中讨论这一点。

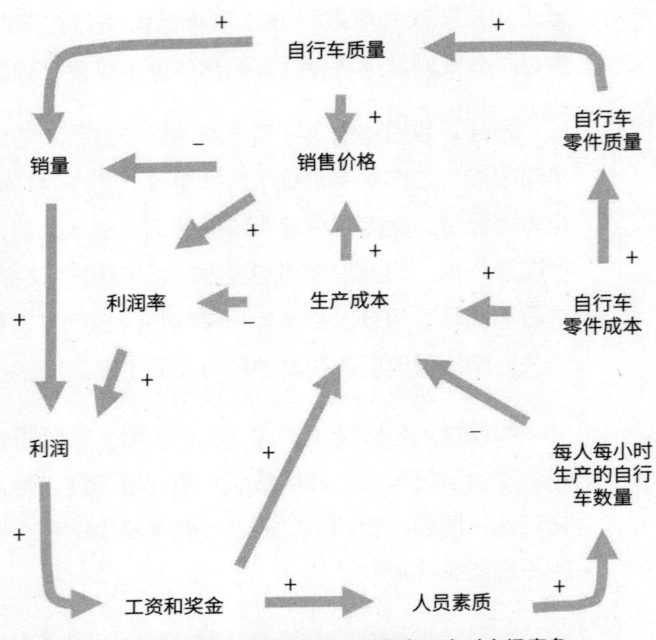

图 3-4 通过在大部屋中监控这些要素以应对市场竞争

在这个示例中，你会看到每一步都揭示了系统中更多相互关联的部分，以及它们彼此间产生的影响。如果我们志在引领组织迈向辉煌，就必须学会精准触动系统中的关键按钮，而非盲目追求成本削减的目标。一旦我们着手降低劳动力成本或零部件成本，很可能就会偏离生产既经济又高质量自行车的初衷。相反，我们应该审视并尊重整个系统的运作逻辑，致力于寻找并按下那个正确的按钮。但这个按钮往往并不显而易见，它潜藏在系统表面之下，需要我们细心挖掘与深入洞察。

系统在大部屋中如何工作

在大部屋中，管理层所理解的系统是通过墙上直观展示的图像来体现的。这些图像从某种意义上而言，是团队从混沌中抽丝剥茧揭示出的系统构成要素。团队在应对复杂挑战时所做的每一次改进，都紧密围绕着这些要素展开。随着团队逐步深入探索，他们在每个改进循环中，都会对系统的相关部分获得更加深入的理解。而正是这份更为透彻的理解，为制定更明智的决策奠定了坚实的基础。

值得注意的是，探索和理解复杂系统是一个融合了假设性实验研究与证据收集的过程。我们基于当前的知识体系，提出假设，即某一部分如何影响另一部分，但同时保持开放的态度，因为确切的关系尚未确定。我们通过实际行动来检验这些假设，比如调整某个旋钮，观察其是否以预期的方式影响系统的其他部分，从而收集宝贵的数据和反馈。在此过程中，我们保持谦逊，坦然承认自己对组织内部的真正运作机制的了解还相当有限。

大部屋的
深度思考

LEADING WITH
OBEYA

帮助管理团队理解复杂系统，需要思考以下 3 个问题。请注意，这不是简单的练习。它需要参与者投入时间和精力，并且具备系统思维的能力和理解原理，才能有所收获。

1. **你是否能够利用可视化工具与团队共享背景信息？**
2. **你是否能够接受一个你永远无法完全掌握和完全预测的复杂系统？**
3. **你是否认同，将系统的视觉图像置于共享空间能够促进团队协作与决策？**

系统中的责权

为什么要谈论与系统思考相关的责权问题？请把这个系统想象成一幅拼

图。通过逐一发现系统的各个部分（拼图块），我们开始识别出哪些因素应由组织来管理。为了有效管理我们的组织系统，每个因素或每块拼图都应由一位愿意并能够为其负责的个体来代表。因此，当我们把所有拼图块组合在一起，形成一个完整的系统时，每一块拼图都对应着这个房间里的一位成员。这样，我们就能清晰地看到，房间某位成员（例如，负责自行车工厂成本效益的专员）的责任和决策是如何影响另一位成员（例如，负责自行车质量的专员）的。

在图 3-5 中，我们可以看到各种管理学科如何作为一个系统协同工作：人力资源部门（HR）负责雇用并留住高素质的工程师，运营部门则致力于高效生产自行车，而采购部门则努力寻找更经济的零件来源。

图 3-5 系统各部门的负责人

管理层中某个人的决定很可能对房间里的其他人产生深远影响。这些影响中，有些是直接且显而易见的，例如，采用更便宜的材料会直接降低生产成本；而有些则较为隐蔽且间接，例如，由于产品质量下降，更便宜的产品可能导致退货量增加。

在大部屋中，系统的每个关键因素都至少有一个明确的负责人。因此，一旦我们发现系统中有待改进之处，便能快速定位到相关的行动负责人。这样一来，通过明确系统因素及其对应的负责人和管理层，我们能够有效地消除关于系统绩效责任的模糊性。

原则二：可视化地分享背景信息和问题

“一图胜千言。”这句话我们都耳熟能详，但真正将其付诸实践的人又有多少呢？坐在桌子旁，膝盖上堆满厚厚的报告，这样的工作方式显然不利于大脑的充分运转。你或许只是浅尝辄止地参与会议，导致会议变得沉闷乏味（因为你的大脑未全面激活）；同时，由于缺乏相关且恰当的可视化信息，你还可能因此产生偏见和假设（见图 3-6）。

在大部屋中，我们不会仅仅因为可视化看起来酷炫或者符合最新的敏捷管理潮流，就将事务随意可视化处理，或者随意将便签贴在墙上。相反，在大部屋中我们将系统和工作进行可视化处理，是因为视觉是我们最为敏锐和强大的感官。事实上，视觉皮质占据了我们大脑中相当大的比例。这样的生理构造让我们能更有效地理解和处理信息，从而提升工作效率和决策质量。

使用演示文稿来进行决策？这当然可以，但是这些演示文稿往往更多的是为了支持已经做出的决策，而非以客观、清晰的方式，通过有条理的信息层次和详尽的系统与问题背景信息来全面展示观点。我们不禁要问，有多少次在事后回顾时，感觉项目经理之前的报告显得不够成熟？

图 3-6 通过对话分享背景信息

一起创建共享的视觉环境

本质上，可视化管理的核心目标是利用视觉信息帮助我们理解系统及其运行效率，以契合我们的视觉认知能力，同时竭力避免偏见。

正如原则一所阐述的，当我们将系统视为一个整体时，我们能更清楚地洞察到一个区域如何影响或关联另一个区域。我们能够追踪实施特定活动所产生的连锁反应，并根据这些活动对战略目标的潜在贡献进行假设验证。为了实现这一目标，我们力求通过达成一致的信号使用规则，以尽可能客观的方式来进行。例如，若新自行车轮胎的开发进度偏离预定的发布日期超过10%，我们就会在项目墙上显著地标记这一事项，如竖起一面红旗作为警示。

如果我们认为某件事对团队很重要，或者理应受到重视，那么就应该通过对整个系统进行客观、直观的视觉展示来强化这一点。通过挑选那些最为关键的事项，并以一种既简洁又富有创造性和意义的方式来呈现它们，我们实际上是在加深对整个系统的感知与理解。此外，由于这些关键信息对于制定重要决策具有不可或缺的作用，我们还应确保它们易于获取，以便在关键时刻能够迅速被调用。

在一天之中，我们接收的每条新信息都会为某个主题增添新的知识和背景信息。因此，作为管理者，分享这些背景信息成为一项至关重要的活动，旨在确保同事们和团队成员也能及时掌握这些信息。通过这样的分享，管理者在各个环节都促进了决策的一致性和深思熟虑，这种影响甚至延伸到大部屋以外的地方。

研究表明，那些积极寻求分享信息并解释其决策依据的管理者，在工作中往往表现得更为高效。就像每个人手中都持有一块拼图，只有当我们将这些拼图组合在一起，并且审视它们是否相互契合时，我们才能使每个人所贡献的价值最大化（见图 3-7）。整体的价值远超过其各个部分之和。

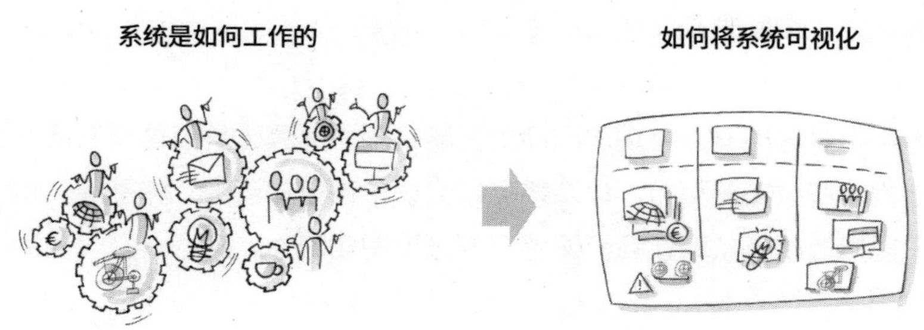

图 3-7　将系统可视化是一项技能

最终展示在墙上的内容反映了团队思考的过程及对系统的深入理解。你可以在走进大部屋的过程中了解大量关于团队的信息，包括他们在项目流程中的位置。这些内容揭示了团队认为哪些要素至关重要，他们是如何进行自我组织的，他们如何评价自己的表现，以及他们正致力于改进哪些方面。

可视化管理从何而来

使用可视化管理的实践可以追溯至很久以前。看板（Kanban）是一个著名的可视化管理系统，广泛应用于各类专业工作环境。最早的看板系统采用卡片管理，旨在确保系统能够在所需时间提供所需数量和符合要求的内容，这一系统可追溯到1953年的丰田。通过研究美国的超市管理系统，丰田开发了一个基于拉动原理的生产系统：根据客户的实际需求来安排生产并交付产品。凭借这一高效的系统，他们成功地减少了计划外工作、降低了库存成本、避免了生产过剩、缩短了等待时间等。

可视化管理的益处

将工作流程可视化的目的远不止简单的呈现。这需要团队的共同努力和专注，而其核心价值在于促进共同学习和持续改进活动。这正是其意义所在：我们共同在同一系统下工作，认可并融合彼此的经验、技能和专业知识，以构建一个既直观又通用的视觉参考框架。

可视化本身绝非直接解决问题的万能钥匙，其真正价值体现在团队在可视化过程中所付出的努力，以及随后在会议中进行的设定工作基准，识别并解决问题的活动，从而让我们能够更有效地完成工作。

此外，可视化管理不仅能够揭示工作系统内部的新信息，还有助于建立上下文连续性。人类的认知能力在处理信息的数量和复杂性方面存在天然限制。当我们面临决策时，以视觉内容的形式呈现信息能够帮助我们更准确地聚焦关键点并综合手头的所有相关信息，从而做出更明智的决策。

如果你身处领导岗位，人们自然会期待你能够定期做出重要的决策。但你是否意识到，你的记忆力在短短的 30 秒之后就开始衰退？采用可视化管理方法不仅有助于提升团队的参与度，还能协助我们更专注于关键事项。同时，它也是一种有效的记忆辅助工具，能帮助我们记住已有的事实，并为深入思考和讨论提供富有意义的背景信息，从而促使我们做出更加明智和正确的决策。

大部屋的深度思考
LEADING WITH OBEYA

可视化系统只能帮助你提出正确的问题，不能给你所有的答案。如果你有一个问题，而现有的可视化系统无法回答这个问题，那么需要思考：

1. **这个问题是否与理解和改进系统相关？**
2. **如果问题是相关的，这个问题是否值得投入时间去揭示答案？**

可视化管理的 4 个设计准则

丰田欧洲首席信息官皮埃尔·马赛（Pierre Masai）分享了他在丰田可视化管理方面的经验。“无论你走进丰田的哪个办公室（无论是人力资源部、物流部还是采购部），你都可以通过观察办公室墙上的信息迅速了解当前的情况。”这就是可视化管理的目标：洞察、学习和行动。在大部屋中，可以应用哪些设计准则来帮助我们快速掌握情况？

准则 1：全面观察

遵循系统思考的原则，我们试图在大部屋中使整个系统可视化，这个系统的细节层面与团队工作紧密相关。我们通过使管理层的 5 项关键职责可视化来实现这一目标，这 5 项关键职责涵盖了领导组织行为的所有相关方面（见图 3-8），关于这部分内容的详细阐述，将在第 5 章进行。

图 3-8　通过使管理层的 5 项关键职责可视化理解整体

准则 2：帮助聚焦重点

就“标准操作模式”达成一致，即确立明确的绩效阈值（例如，我们设定的目标是每周生产 80 辆自行车），有助于我们及时识别生产过程中的异常和问题。因此，你将能够提出一些有深度的问题，比如，为什么没有达到预期的生产目标？是什么因素导致了偏差的发生？偏差的根本原因是什么？我们能从中汲取哪些教训？这些问题都是在审视计划与实际偏差时应当深入思考的核心内容，因为它们往往指向我们系统中亟待优化和提升的关键环节（见图 3-9）。

准则 3：信息流和简单易用的视觉结构

轻松获取正确信息（该视觉结构旨在帮助你迅速定位相关信息，无须费力浏览报告的 30 个页面）。通过这种清晰呈现复杂信息的方式，团队成员能够轻松跟随逻辑脉络，这得益于视觉图标、醒目标记和平滑曲线等元素的巧妙引导。这需要以高度逻辑化的方式构建信息架框，确保信息在既定路径中顺畅流动，避免信息冗余和重叠等（见图 3-10）。

我们今天应该讨论什么？

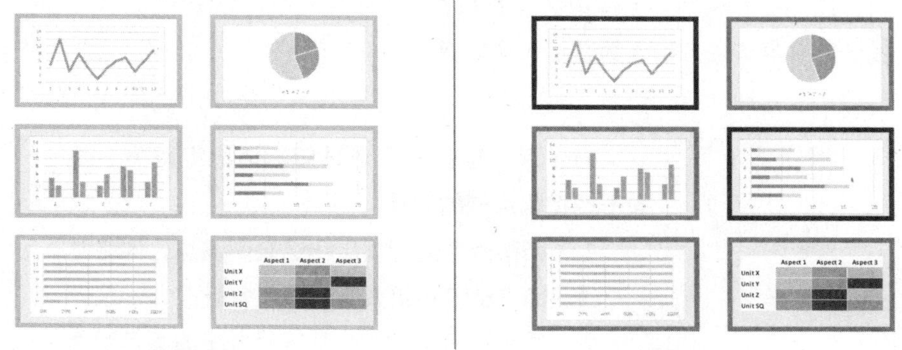

所有事情？　　　　红色框的（问题）优先！

图 3-9　使用红色和绿色的标记来聚焦重点

注：右图黑框为红色，灰框为绿色。

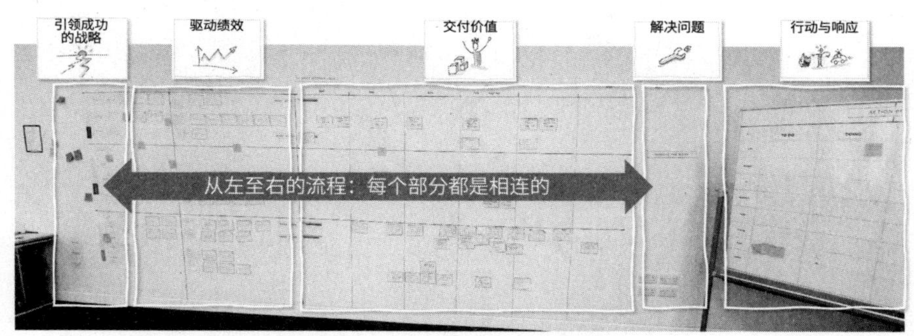

图 3-10　从左至右的信息流示例

准则 4：整洁有序的视觉信息能够激发大脑

无论你怎么做，都应努力激发大脑的两大方面：逻辑与创造力。在逻辑方面，关键在于提供充足且细分的背景信息，以支持科学思维的发展。而在创造力方面，则在于巧妙运用色彩、图画、形象化手法，甚至用图片代表团队成员及其形象。后者能够激化大脑多个区域，从而增强记忆效果。同时，它也有助于在团队中构建更强烈的归属感和对衡量指标与目标的认同感。

生动图像具有极高的感官细节检索率，视觉图像不仅有助于集中注意力，还能提升短期“工作记忆”的效率。当这些图像在脑海中反复出现时，我们更有可能进行深入的思考和探索。

大部屋的深度思考

LEADING WITH OBEYA

为了深入理解和改进系统，请思考以下 3 个关于视觉化系统的问题：

1. **如果对系统的视觉化结果不满意，你会立即下结论还是重新审视和分析？**
2. **你如何理解视觉化系统对系统的实际运作方式的影响？**
3. **视觉化过程中总有问题出现，是否意味着系统出了问题？**

原则三：培养人才

管理者必须不断致力于自身的发展，同时也要支持和鼓励团队成员这样做。丰田前董事长张富士夫曾说过：“先造就人，再造车。”这句话深刻揭示了人才是构建优质产品、提供卓越服务以及打造成功组织的核心驱动力。即使流程已经实现了高度自动化，其背后的设计和开发依然离不开人的智慧和努力。

从使用大部屋开始，就意味着你走上了一段持续学习的旅程，同时它也在不断地促使你传授所学到的知识。在大部屋中，管理层技能的发展与大部屋行为模型之间存在着紧密的内在联系，这体现在墙上的视觉图像、学习原则和行动指南上。除此之外，管理者还要传授有关政策的知识，并引导对业务环境深入思考，为运营团队从更广阔的角度开展工作赋予意义。

同时，管理者也要从运营团队那里了解他们所处的日常工作环境和面临的挑战。这也是一个思考高级管理层决策如何在实践中发挥作用的机会，从而清晰地了解这些决策的影响，并在必要时加以调整和改进。

领导力的一致性

可视化过程揭示了管理团队的每个成员可能对他们的领导力和价值体系如何运作持有不同的看法。此外，这一过程还通过观察团队成员的思维模式和行为方式，揭示出潜在的发展或学习的关键点。这对于任何团队在任何给定时刻都是有益的。为何如此重要？因为不同的观点不仅能够展现不同水平和不同种类的知识及专业技能，还可能导致运营团队在流程和政策执行上的不一致。这种不一致性会进而引发政策在执行中的变化，最终导致客户体验上出现更大的不一致，从而带来诱发问题、造成浪费等负面后果。

大部屋中的 5 大管理者关键职责看板都代表了一种可以且应当培养的管理技能。以“交付价值”看板为例，管理者必须做出投资决策：在资源有限的情况下，我们应优先开发哪些产品？如果一个部门与另一个部门在决策上大相径庭，而这两个部门又都需要向客户提供端到端的价值，那么很可能会遇到一致性问题。

可以肯定地说，这 5 大看板可以通过一种能够在组织中推广的工作方式来实现，这将极大地促进对齐性、凝聚力和一致性，因为从系统层面看，我们都在遵循相同的工作方式。

想象一下，如果我们反其道而行之，说“你去决定你项目的优先级，而我则按我的方式去做”，这会对我们组织的一致性和对齐性造成什么影响呢？显然，这样做并无裨益。但遗憾的是，这可能是你的组织目前正在面临的问题。

当一位即将担任管理职位的人加入你的公司时，会发生什么？该如何有效协助其理解公司战略及他/她对战略的独特贡献？公司是否设有涵盖这一内容的入职流程？非常好，然而，仅仅入职阶段的支持还远远不够，接下来应如何持续支持这位新管理者同样重要。新管理者的行为模式和决策方式会受到过往经验的影响吗？我们假设新鲜血液的加入是积极的，会给公司带来更多新的想法、创造性思维，等等，那么，这确实是一件有价值的事情。然而，随之而来的挑战是，如何确保这位新的管理者及其团队与公司既定的战略方向和当前工作保持一致？同时，又如何确保新的团队成员能够采纳我们在组织内经过长期实践、精心总结的宝贵经验和工作方式呢？

在运营团队中培养人才的领导责任

对于培养组织中必要的能力而言，对人才的责任担当的培养是至关重要的。这不仅是实现组织目标的基础，还是领导力的发展，更是那些为客户增加价值并花费大部分时间在工作上的人才的发展所需。

培养人才很难简单地“外包”给人事经理、外部培训师或教练。运营团队成员所执行的活动构成了公司的核心任务。事实上，经理或管理者的核心职责之一，便是促进团队成员的发展，以便他们能以更优的方式向客户交付价值，并积极推动组织目标的实现。在运营层面，为人员和团队提供支持的任务应聚焦于促进他们在个人和专业层面的茁壮成长，并且确保他们和团队能够为整体战略贡献力量。我们不应忽视，真正的价值正是由这些运营团队创造的。

分享如何工作的信息固然有益，但这并不足以确保人们会采取相应行动。派遣员工参加培训固然很好，能够激励他们，但是一旦他们回到日常工作中，若环境依旧未变，他们就难以将所学付诸实践。那么，为了有效培养人才，我们还必须做些什么呢？

人才发展的 3 个方面

从本质上讲，在大部屋中培养人才主要体现在以下 3 个方面：

- 管理团队成员是在所负责领域的实践和原则的应用中逐步成长起来的。在这一过程中，教练帮助他们发现可能忽略的方面，并有效引导他们养成良好习惯。
- 管理团队成员通过与团队中的个人一起练习教练套路（Coaching Kata）[①]，学会并成长为教练。练习教练套路与我们在大部屋中确立的关键成功因素紧密相连。管理者应将教练技能视为需要学习和掌握的一项技能。
- 你的运营团队中的成员参与了大部屋的活动，并在各自团队负责人的教练式指导下掌握了如何遵循改善套路的方法。他们正在学习如何改进思维模式、提升技能和调整行为方式。

① 教练套路：指通过一系列标准问题引导团队成员进行解决问题和持续改进练习的一种教练方法。——编者注

我们最好的学习方式就是在实践中练习所学知识。管理者需要真正投入时间，与团队成员相处并深入了解他们。同时，管理者还需要掌握人才发展的技能。为了实现这一点，一个有效的方法是让管理者运用教练套路，这是一个可以在另一位教练的协助下学习和练习的例行程序。

这个想法很简单：组织中任何层级的管理者在与即将参加“改进”会议的对象交流时，都应提出 5 个问题。这通常是在“解决问题”看板上完成的，以确保所讨论的内容与大部屋中的关键方面紧密相连。5 个问题如下：

- 目标状态是什么？
- 当前的实际情况如何？
- 你认为有哪些障碍在阻止你达到目标状态？目前你正在着手解决哪一个障碍？
- 下一步计划是什么？你期待从中获得什么结果？
- 我们需要多久的时间才能看出从这一步中学到了什么？

提出这些问题并练习教练套路看似简单，但事实并非如此。以略有差异的方式提出问题，往往会引发截然不同的回答，甚至可能影响你与共同练习套路的人之间的关系。例如，如果不去询问学习的收获，而仅仅关注结果，可能会给他人留下你只重视结果，而非学习过程的印象。在目标管理的背景下，这种做法容易让人回归到仅仅为了结果而努力和竞争的状态，而忽略了通过提升技能来优化整个系统的本质。

不管怎样，教练套路确实是有帮助的，但它应当被恰当使用。任何开始使用它的人都应该尊重这样一个事实，即掌握它需要很长时间。记住，我们往往会高估自己的能力。正如《异类》（*Outliers*）一书的作者马尔科姆·格拉德威尔（Malcolm Gladwell）所提出的“一万小时定律”，他解释道，“培养某种能力所需的时间可能比你想象的要长得多”。此外，发展并培养人才的技能同样需要一段时间。

人的发展并非是一个一旦开始，待其达到成熟水平就自动停止的过程。相反，它是一个持续的活动，其优先级应根据哪些能力是实现组织目标所必需的来进行调整和设定。通过有效连接组织各个层面的导师和改进者，形成了自下而上学习与自上而下战略治理相结合的拟序结构，进而构建了一种在传统管理方式中前所未见的反馈循环机制（见图 3-11）。

图 3-11　通过各个层面的辅导增进学习和改进的效果

通过对这一原则的回顾，我们可以说，大部屋是一个集学习与教学于一体的平台。事实上，《丰田模式》一书中与学习和教学相关的几项原则应当由大部屋的管理层真正贯彻实践：

- 培养能够全面理解工作、践行理念并有效传授给他人的管理者。
- 培育遵循并传承公司理念的优秀人才，打造高效团队。

- 通过坚持不懈的反思与持续改进，致力于成为一个名副其实的学习型组织。

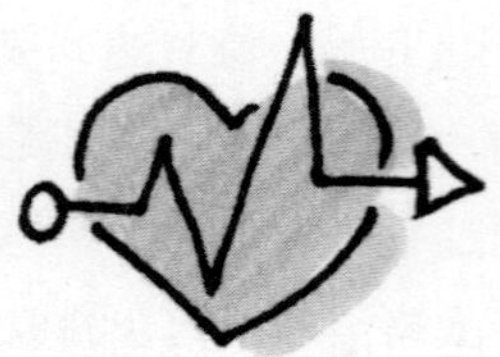

原则四：定期有序的会议模式

这个原则关乎你参与大部屋会议的频率，以及在这些会议中你们如何使用墙上的看板来具体讨论哪些话题。这一原则是大部屋跳动的心脏。如果该项原则不能正常发挥作用，大部屋将迅速失去其应有的价值。正是鉴于其重要性，这一原则被形象地描述为通往大部屋的大门钥匙。

大部屋会议中讨论什么

简单来说，这个原则有助于你实现战略目标，并要求你根据共享的背景信息来做出决策或采取任何行动。如果我们进一步观察，就会发现在大部屋行为模型中，每个看板都对应着相关例行程序。为了更好地理解这一点，让我们回顾第 1 章中的例子，通过探讨每个看板所讨论的内容来深入理解。这些看板都有常规程序，旨在发展每一个看板的领导技能。关于每次会议的更多细节，你将在第 4 章中找到。但在此之前，让我们简要概览每个看板所涵盖的内容：

- **引领成功的战略。**团队就明确的目标与实现该目标所需的战略能力达成共识。这一共识是基于组织的整体战略规划而建立的。

- **驱动绩效。**团队对组织内外绩效进行全面审视。内部绩效包括员工满意度、团队协作效率等；外部绩效则涉及客户满意度、市场份额等。通过清晰地设定目标，团队能够明确自身当前的位置，确定未来的发展方向，并合理设定改进的优先级，以确保稳步向目标迈进。
- **解决问题。**当团队发现他们正试图稳定或提升绩效，但实现这一目标的具体解决方案尚不明确时，将采取结构化的方法来解决问题：探索系统的新领域，并设定一系列挑战，这些挑战旨在帮助他们提升工作绩效。
- **交付价值。**在投资组合讨论中，团队会确定各项工作的优先级，为优先事项分配资源，并在未来发展规划中保持与增值活动路线图的一致性，比如为网站开发新功能。此类会议通常与运营团队的迭代工作计划会议保持同步。
- **行动与响应。**简短、精炼的会议有助于迅速掌握当前形势，及时采取行动，并灵活应对新出现的情况。此外，必须定期组织重要会议，以便协调并解决来自一线工作团队或高层管理团队所提出的问题或需求。

我认为我们现在所采用的大部屋对齐工作法非常有效。它提供了一个设有固定议程且专注于结果的集中场所。在此之前，我确实深感信息流通不畅，不得不亲自前往产品负责人或 Scrum Master 处获取所需信息，以了解团队动态。当你的部落拥有大约 20 个小队，共计约 170 人时，想跟踪每一项进展几乎变得不可能。相比之下，传统结构的会议更加个性化、偶然且临时，几乎缺乏结构化。然而，在大部屋会议中，你只需观察我们的“能量计量表”便能直观感受到与会者的能量水平在会议期间是如何逐步提升的。

——赛兹·希姆斯特拉（Sytze Hiemstra），部落领导

重新审视混乱的日程表

你的日常工作安排是否和大多数管理者一样显得杂乱无章？你是否经常试图在已排满的日程表中硬塞进更多的会议，结果每个会议都不得不向后推迟，而你却感觉并没有从这些会议中获取多少实质性价值？

通常，当你处于管理岗位时，你的日程表本身就成为一个巨大的挑战。首要问题是会议泛滥，你的日程表被各种会议填得满满当当。其次，你往往会被迫参加许多这样的会议，内心总抱有一丝希望，觉得或许能从这些会议中收获更多成果。然而，有时会议讨论时间过长，导致议程上的所有议题都无法按时完成，这意味着你可能需要再等上两周，才能对你的提案做出决定。

我遇到过一些管理者，他们要么因为其他会议更重要而迟到，要么在最后一刻取消与我的会面。显然，他们的优先事项并非与我会面。此外，我遇到的许多经理都习以为常地开会迟到，让团队成员长时间等待，他们似乎总是被亟待讨论的事务缠身。这仿佛成了管理者的常态，而他们对此束手无策。

然而，若我们对此采取行动又会如何？倘若会议能够准时结束，若他们遵循一个可预测且有序的流程和节奏，并以前一会议为后一会议做好充分准备的方式进行调整，情况又将如何（见图 3-12）？

看看你是否可以通过定期有序的会议来提高效率，从而腾出更多时间，让一些关键会议来承载你作为管理者的大部分责任。如果一切顺利，一名经理应该能够在每周大约 8 小时内完成对其团队的大部分管理工作。但这仅在你愿意取消那些与大部屋会议目标重叠的冗长会议时才有效。如果你这样做，你将能够建立一个非常高效的会议体系（见图 3-13）。

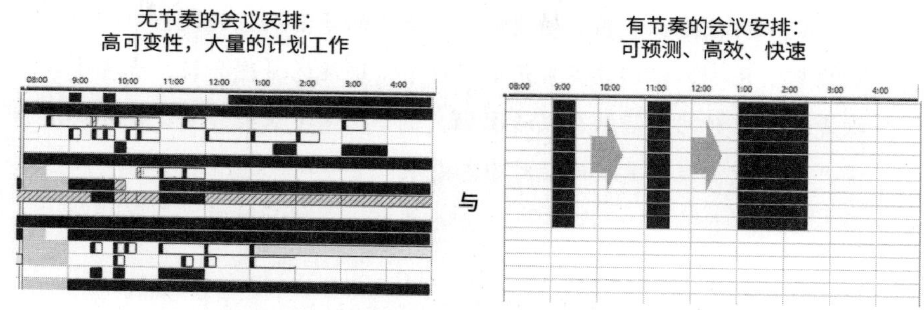

图 3-12 固定时间的会议安排帮助团队避免不必要的会议

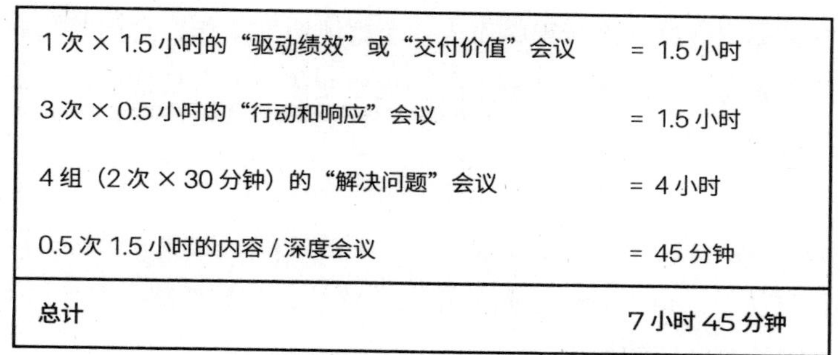

1 次 × 1.5 小时的“驱动绩效”或“交付价值”会议	= 1.5 小时
3 次 × 0.5 小时的“行动和响应”会议	= 1.5 小时
4 组（2 次 × 30 分钟）的“解决问题”会议	= 4 小时
0.5 次 1.5 小时的内容 / 深度会议	= 45 分钟
总计	7 小时 45 分钟

图 3-13 每周只需不到 8 小时，就可以与你的团队完全对齐

实际上，你在管理中仅通过一天的有效工作，就可以承担几乎所有的管理责任。这其中包括花时间与团队成员一起结构化地解决问题，这通常是当事情变得棘手时第一个被忽视的环节。

不要误解我的意思，如果现在审视你的日程表并试图再增加 8 个小时的会议，那么你的头脑将会与任何参与大部屋会议的机会脱节。然而，如果你清空思绪，开始思考哪些会议对完成你的任务重要且必要，而不是继续组织当前那些看似毫无目的的非必要会议，那么大部屋会议将会变得非常有意义。因此，请审视你当前的日程安排，看看哪些会议可以替换、重新安排，甚至从议程中删除，以腾出时间，让你能够更高效地执行任务。

> 这不仅仅是关于添加的内容，更重要的是要从你的议程中删除的内容。比如，我们过去常用来讨论事情进展的月度会议，现在已被更频繁且时间更短的会议所取代。这一改变不仅提升了会议的质量，还使我们能够更快地应对事态发展。
>
> ——赛兹·希姆斯特拉，部落领导

充分整合与协调所有区域的会议

所有大部屋会议的例行程序作为一个整体协同工作，它们共同处理并管理所涉及事务的各个方面：设定方向、规划变革、负责日常运营、提出改进措施以及执行后续跟进行动。

因此，各事务的相关区域与会议是相互关联的，而改进是所有区域的核心主题和驱动力。由于它们之间的相互关联性，如果忽略了其中一个区域，那就会影响其余区域的效果。

例如，一个团队设定了绩效和投资组合区域，却没有建立战略区域的背景信息，那么就很难为涉及团队优先级、方向甚至一致性的重要讨论确定相应的指导方法。同样，若存在投资组合墙而缺乏任务板，那么行动的快速跟进与决策的即时性将无从谈起，这将严重削弱团队的响应速度，并可能导致结果的延误，因为关键事项仅能在每两周一次的检查中得到关注。

通过固定会议时间增加可预测性

就可预测性而言，定期召开会议非常实用。一旦你知道每周的周二、周三和周四都要开会，你就会期待这些会议，其他人也会如此（见图 3-14）。

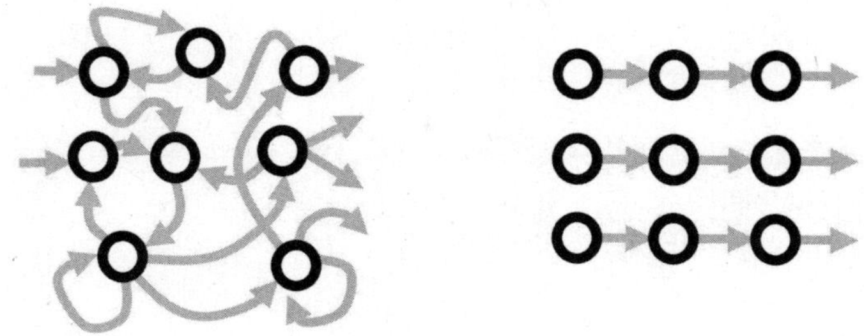

图 3-14　从混乱的会议到结构化例行程序

今天，许多团队已经在他们的日程安排中融入了节奏化的会议安排方式，比如 Scrum 框架中采用的每日站会，以及在 Sprint 周期内设立固定时间窗口进行的计划和回顾会议。如果缺乏这样的规律性，我们就会经常问自己："下一次会议何时召开？"

为了维持高效与有序，我们还将至少每周审视一次日程安排，并查找新的会议时间和日期，以提前做好准备。现在，让我们想象一下，如果每周一上午 10:00 都举行同样的会议，这将带来多大的便利。

然后再想象一下，在某些情况下，如果我们每周只需开一次会便足以完成所有的工作，甚至还能腾出时间去做那些我们从未尝试过的活动，那该是多么美好。

进一步地，试想如果我们能够有节奏地安排会议，不仅限于个人，还能推广至与其他团队的协作中。这样一来，每当我们在一次会议上就某事展开讨论，任何达成的共识都能立即进入下一阶段（见图 3-15）。

人类的行为是受习惯影响的，有规律的例行程序会孕育出新的、令人向往的习惯，这些习惯提供了一种途径，即通过结构和组织来增强面对领导任务时的心理适应能力。

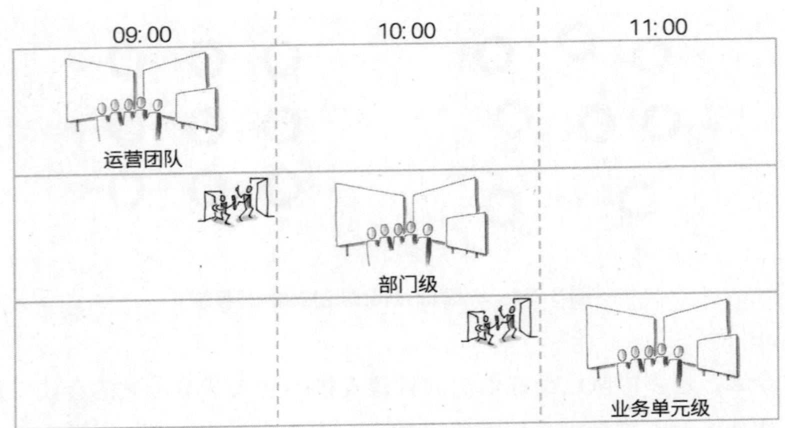

图 3-15 每次会议后传递接力棒，实现级联

在大部屋中，每个套路都是相互关联的。通过这种关联，信息能够快速有效地传递到下一个决策点。因此，问题无须等到数周之后的下一次管理会议才能得到解决，因为类似的讨论或许在昨天的会议上已经进行过了。

掌握引导会议的技能

为了与你的管理团队共同高效开展所有关键的管理活动，你需要在开会时展现出真正的有效性。引导这些会议是一项技能。而为了实现会议效益的最大化，你必须学会并掌握这项技能。

“套路”一词源自空手道、合气道和柔术等武术领域，意指一系列编排好的动作或形式。这是武术中用于传授技艺和经验的古老方式。在空手道中，这些套路并非个人动作的简单堆砌，而是经过精心设计，旨在通过组合和练习，形成在实战中可运用的策略和技术。每个套路都承载着特定的武术原则，并在实践中得到了验证和强化。

把套路置于大部屋行为模型的基础位置，是有其原因的。实质上，我们试图通过大部屋中定期有序的会议模式，来模拟和应用武术中的“套路”。每个单独的会议（动作）就如同武术中的一个招式，共同构成了推动组织前进的完整序列。

通过持续的常规练习，一个人可以建立更多的神经通路，从而增强其有效执行例行程序的能力，进而从每次会议中收获更多。在你的组织追求卓越的道路上，为你的行动注入稳定的节奏，并辅以充分的练习，将有助于你培养出在正确的时间应对各种挑战的能力。

在武术领域，对手直接站在你面前，但在大部屋中，你的挑战则来自所需面对的各种问题和困境。你需要学会在恰当的时机和合适的场合采取正确的行动策略。练习得越频繁，你就越能够游刃有余地达成目标。

设立有效的例行程序，将帮助你更迅速、更高效地解决问题，避免拖慢团队进度，并最大限度地创造价值。

大部屋中的例行程序位于每个管理者关键职责看板附近，且能在每个会议中得以应用。严格遵循例行程序进行引导，有助于团队在适当的时间和正确的时机关注组织中正在发生的事情，而不是首先被脑海中浮现的无关事项（例如你昨晚读到的电子邮件，或者你今天早上的私人交谈）所干扰（见图 3-16）。

此外，通过为团队提供充足的时间和反复练习的机会，这些例行程序能够激发系统 2 思维模式的运作，从而减轻会议本身带来的工作负担，而增强的系统 2 处理能力则能促使团队做出更有效的决策。

图 3-16 将例行程序放置在相关看板附近

有时我会将例行程序比作 SIM 卡：你不能随意将 SIM 卡插错位置。例行程序也是如此，它能帮助你精确地提出那些至关重要的问题。

——列德维杰·范·迪尔·舒尔（Liedewij van der Scheer），精益黑带

提出正确的问题

使用恰当的问题公式，可以避免在得到的答案中引入噪声，从而有效防止偏见，并提升讨论的质量。问题的措辞方式在很大程度上决定了你将收到的答案内容。

为了规避偏见并做出更为明智的决策，我们需要精心设计问题，并由教练或引导者进行恰当的引导。以下是模棱两可或带有偏见的问题示例：

- 我们怎样才能尽快解决这个问题？这种提问方式会促使人们迅速处理症状并减轻问题所带来的影响，但这个问题通常不会促使人们投入时间去探究其根本原因，并实施可持续的解决方案来防止问题再次发生。

- 这个团队的速度（所谓的速率）低于其他 Scrum 团队，我们如何提高这支队伍的速度？在 Scrum 中，衡量速度的单位（如故事点）是由团队内部根据其能力和项目需求自行决定的，因此这一指标具有主观性。单方面追求更快的速度可能会导致团队在规划时倾向于选择更高的故事点，但可能并不会带来任何额外的价值，以致影响整体效率。此外，众所周知，若过度强调速度管理，很可能会对质量产生不利影响。
- 必须实现更高的利润，那么我们可以在哪里削减开支呢？请不要急于下结论。降低开支并不是提高利润的唯一途径，你也可以考虑更明智、更有效的工作方式来提升效率。
- 这次会议的时间太长了，下次我们能否安排得更紧凑些？如果会议时间过长，可能是因为效率不高，也可能因为议程内容确实丰富。然而，仅仅减少会议时间并不能解决问题，反而可能带来新的问题：要么关键问题没有得到充分讨论，要么你需要再安排额外的会议来补充。这样做不仅会导致更多的临时会议，还会使你的日程更加拥挤。最终，会导致更多的会议时间被占用，以及更长的等待时间用来处理请求或解决问题。

利用例行程序培养新习惯

每当我们在思考或做某件事时，神经元都会在大脑中放电。它们朝同一方向放电的次数越多，这条神经通路或突触就变得越强大。因此，如果我们经常做某件事，就会逐渐建立起一个强大的神经通路。

现在有一个重要的发现：更强的神经通路使得再次走同一条路（执行相同的任务）变得更加容易。这不会消耗我们太多的精力，有时甚至会在不知不觉中完成任务。当遇到问题时，这些神经通路会帮助我们迅速采取适当的行动。根据我们所面临的情境，我们会自然而然地激活这些通路。例如，当鞋带松开时，我们会迅速找到解决方案来系紧鞋带；当打字时，我们不再需要刻意去想每个动作，而是自然而然地就能完成。这是对简单问题的一种高效且自然的解决方案。

但是，当我们面临需要或渴望去改变自己一直习惯做的事情时，挑战就随之而来了。有时这样的改变是确实必要的。当我们改变战略时，这也意味着我们希望调整自己的工作方式。如果这种改变代表着一种新的工作方式，我们就需要学习并建立新的神经通路。在这些新通路能像旧通路一样强大和高效之前，需要花费一些时间来适应和巩固。

事实上，你无法真正忘却已建立的神经通路，它们总是潜伏在意识边缘，驱使你和你周围的人回归旧有的行为模式，这有可能与我们刚刚决定采取的新战略相冲突。

研究成瘾行为的科学家指出，旧习惯是无法轻易忘却的，必须被新的习惯所替代，这也是为什么戒烟如此困难——如果你没有找到其他方式来替代那些驱使你走向吸烟这条“神经捷径”的冲动。

如果我们希望将注意力高效地集中在新的战略或工作方式上，就必须探索一种途径，以构建新的、强有力的神经连接通路。这正是我们在大部屋中引入例行程序或定期有序的会议模式的原因所在。这意味着，我们会通过定期在工作中实践特定的思维方式与行为模式，来促成这些新通路的形成。

进一步地，当我们将这些新通路与大部屋中的视觉图像辅助工具和原则性应用相结合时，团队成员在每次会议中的协作将变得更高效与默契（见图 3-17）。

图 3-17　大部屋中的会议

调节会议频率快速响应问题

例行程序是指那些帮助你应对挑战的会议结构和步骤，而节奏则决定了你在这些会议中练习技能的频率，以及当问题（无形的对手）出现时，你处理的速度和效率。

> 套路的整体节奏完全取决于你选择以多快的速度来应对并解决这些无形的对手。
>
> ——杰西·恩坎普（Jesse Enkamp），空手道迷

在会议中应用定期有序的原则对很多方面都是有益的，举几个例子来说明：

- 能够为你的团队提供服务（而不是因为日程安排过于紧凑而让他们难以与你取得联系）。
- 能够迅速提供服务，从而避免问题的拖延，也避免了我们不得不等到下一次双周管理会议时，才能将这些问题安排进已经过于拥挤的议程中。
- 确保你在计划好的会议期间分配了足够的时间来切实解决那些

最重要的问题，而不是每次会议结束后都感到自己未能充分处理这些问题。

每个例行程序都拥有自己的节奏，以满足团队需要解决的各类问题。这些问题是否因为突然出现而需要快速响应？它们是否在阻碍团队交付价值？由于管理团队每周至少开 3 次会议，因此行动与响应的节奏应当能够涵盖并收集运营团队在每日站会中提出的任何即时问题。然而，更多的问题属于战略和政策层面的。例如，客户是否对新的营销活动有所回应，或者他们在购买产品一个月后是否仍然满意地使用，这类问题通常需要更长时间来显现和评估。这正是我们为何需要在每两周一次的交付价值和驱动绩效的会议上专门解决这些问题的原因（见图 3-18）。

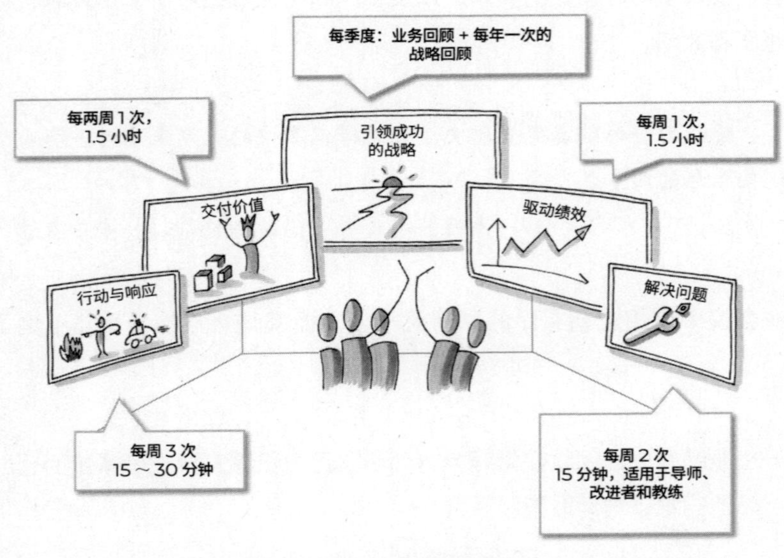

图 3-18　大部屋会议安排概览

有些团队确实有他们自己的会议节奏，但可能存在时间分配不足、会议频率不够或缺乏合适的例行程序来处理所有议题的问题。他们可能因为时间预留不足而无法达成目标，或者试图在下次会议中塞入超出时间允许范围的更多话题。从本质上讲，他们会把讨论的话题推迟到下一次会议上。

如果真是这样的话，重要的事项会脱离议程，团队可能会面临得不到所需支持的风险，尤其是在解决问题方面。如果在下一次会议之前还有一周左右的时间，团队在此期间可能无法实现最大价值，除非他们能在不升级现有会议结构的情况下强制做出决定。

如果问题能在不依赖于快速转送到正确的决策层级的情况下得到解决，那么会议结构的升级应该是例外事件。如果存在很多问题，而常规的会议和决策流程不能快速有效地解决，那么管理层可能会因为频繁的自下而上和自上而下的升级而分心。这将导致管理团队陷入救火模式，以至妨碍他们进行长期和可持续的改进。

定期有序的会议有哪些好处

定期有序的会议模式并不会消除开会的必要性，但它们无疑会帮助你更加高效地利用时间。

这看似微不足道，但试着翻开你上周的日程表，看看有多少临时会议需要你计算时间，以确定在何时去哪里参加会议，以及如何为会议做好充分准备。你又耗费了多少个夜晚来筹备会议，并向需要了解最新情况的人分享背景信息呢？

以下是一些示例，说明了定期有序的会议能带来哪些好处：

- 你无须花费时间去安排每个人的议程并整理会议室（这些活动

实际上是非增值的)。

- 固定时间增强了可预测性，避免了会议的重复预订，减少了重新安排时间或在电话上耗费更多时间而只为在日程中找到一个共同的空闲时段的情况。
- 有助于创造并采纳一种需要较少大脑容量的模式。请记住，我们的系统 2 访问是有限的。当会议的时间或地点每周都在变化时，我们的大脑需要更多的处理时间来确定何时、何地开会。这些时间最好投入实际的会议讨论中。
- 通过确保恰当的人员参与会议，并优化会议节奏以促进信息在组织内的快速流动，管理者可以减少花费在临时更新上的时间，从而确保团队成员保持信息同步和一致。对于传统的管理者而言，这往往占据了他们大量宝贵的时间。
- 当我们在白天需要思考和处理众多不相关的话题时，我们的大脑需要“切换时间”。这意味着我们需要重置工作记忆，以便适应那些需要我们集中注意力的新主题。这种情况常常发生在通过电子邮件、电话、各种不相关的会议等多种不同且简短的交流方式中。然而，如果我们能够更有效地将大量耗费脑力的思维活动集中到恰当的会议上，即将相关主题合并到一次会议中讨论，那么我们就可以减少切换时间，从而提高系统 2 的可用性和效率。
- 决策是管理者的一项核心任务，而正确的决策离不开准确的信息支持。试想，若能避免频繁应对突如其来的各类请求，情况将会如何？假设下次项目经理向你提出决策请求时，他或她能够附带一份简洁且结构化的报告，其中清晰阐述了问题的描述、动机和具体请求，并且你所需的所有决策相关信息都已被整理并展示在会议室的大屏幕上，随时可供查阅，这将带来怎样的变化？进一步设想，若所有项目经理都掌握了这一方法，并在同一会议上统一采用此方式，那么你将节省多少宝贵的时间？

- 作为经理，面对每天纷至沓来的众多临时请求，你如何在有限的时间内合理优先选择并处理那些请求？假设当天在管理团队的会议上，你的同事决定优先考虑项目 B，那么你该如何调整项目 A 的优先级安排？通过大部屋会议来集中讨论这些请求，你可以让团队共同决策哪些请求具有更高的优先级，这样一来，你就可以确信这些决策的一致性和合理性，从而大幅提升你的工作效率。

大部屋的深度思考

LEADING WITH OBEYA

对会议中提出的问题或挑战，请思考以下 3 点来加以评估：

1. **从识别问题到解决问题所花的时间是否合适？**
2. **问题沟通的清晰度如何？包括团队成员是否理解提出的问题是什么？问题的背景信息描述得是否清晰？问题的影响是否明确？（以便考虑优先级排序）**
3. **你能以多快的速度找到合适的人来解决它？**

举行大部屋会议可以让管理团队焕发更多活力。起初，他们可能会感到怀疑和惊讶，但很快就会发现，这种会议形式对他们来说是全新且有趣的。在召开大部屋会议之前，他们的日程安排得很满，时间压力很大，导致难以进行深入有效的交流，然而，他们很快就会发现，大部屋会议实际上更有效。

——杰罗恩·维尼曼（Jeroen Venneman），

敏捷教练和转型顾问

原则五：深入现场

正如我们在第 2 章所了解的，人人都存在偏见，并且极易做出假设。一些组织的规模和复杂性使得管理层难以维持对组织日常的全面可见性，甚至对基层一线的工作情况根本无法获得直观了解。他们与生产系统脱节，并不真正了解运营团队的实际工作方式。

一线工作团队与管理层之间存在明显的鸿沟。然而，尽管如此，人们仍然期望管理层对生产系统做出明智的决策。为了实现这一点，管理团队需要某种形式的信息来源，以便证实和验证他们的决策。因此，报告体系应运而生。

报告的局限性

虽然从工作一线提取信息的原则本身并不一定是负面的，但在实际操作中，这确实会引发一系列不良的影响和陷阱，仅举几例加以说明：

- **管理负担的加剧。**团队在准备每日或每周报告上耗费了大量时间，而这些报告往往并未得到充分利用，甚至很少被查阅。
- **抽象化。**当工作一线的实际情况被简化为红黄绿（RAG）状态标识和几个项目符号时，大量细节信息会被遗漏。报告中包含的细节丰富程度取决于报告者的能力和判断力。

- **回答错误或模棱两可的问题。**如果经理询问团队进展情况，他们可能会以多种方式回应。例如："情况很好，已经完成了60%。""我们比计划晚了三天，但我们确信能赶上进度。"但在报告中，这些详细情况可能仅被笼统地标记为"绿色"，但这样的标记究竟意味着什么？经理如何根据这样的信息采取恰当的行动？
- **报告者的政治利益。**报告的作者或者更高级别的经理可能持有特定利益议程，这可能与客观暴露问题相冲突，以防这些问题妨碍 KPI 达成或揭示能力不足。
- **读者 / 高级管理人员的偏见或谬误。**当高级管理人员阅读报告，并依赖有限且主观的信息或自身的思维框架来决定行动时，他们可能会受到多种形式的偏见或谬论的影响。还记得在战略执行失败时我们的大脑往往会受到哪些认知局限性的影响吗？

在大部屋中创建高质量报告

鉴于大部屋中充满了报告，我们应该抽出时间深入研究如何规避刚刚提及的陷阱。核心在于深入研究并积极参与信息获取的源头以及报告生成的全过程。

由于经理的职责是推动运营，以确保最大限度地创造价值，因此经理同样肩负着确保为制定高质量决策提供准确无误信息的重任，从而推动团队能力的持续发展。

那么经理在创建高质量报告时应如何扮演其角色？以下有几点建议：

- 使用改善套路或科学方法来创建报告。
- 在报告的整个创建过程中，展现出管理者的积极参与和责任感。
- 假设大部屋中讨论的基础信息都已公开透明地展示在墙上，而非依赖于电子邮件、私人信件或未经证实的传闻。
- 避免偏见，不要试图填补认知上的空白或盲区。相反，应亲自前往数据来源的实际地点——工作一线，进行实地考察和验证。

深入工作一线

经验主义是精益与敏捷工作方式中不可或缺的重要组成部分。它强调从实践中学习，而实践中的工作和实现策略几乎完全聚焦于一个核心场所：工作场所。对于任何旨在实现高效运营以达成目标的管理者而言，加强与运营团队及其一线工作活动的紧密联系是一项极具价值的工作。毕竟，工作场所中的各项活动直接体现了为客户、战略目标以及组织宗旨所创造的价值。

那么，我们如何才能真正、准确地收集有用的数据，以便通过明确的目标和意图来辅助团队做出明智的决策？关键在于避免由于过度抽象或不当解释而陷入陷阱。要做到这一点，首要步骤是找到数据的源头。

通常，这个源头就是工作实际发生的地方，在精益环境中也被称为“现场”(Gemba)。对于许多人来说，找到数据的真正源头，花时间进行深入现场，并从直接参与其中的人员那里收集事实和背景信息以做出更精准的决策，这听起来像是基本的常识。然而，在精益管理的实践中，这一行为被赋予了特定的术语——“现地现物”(Genchi Gembutsu)，即亲自前往工作的实际地点，观察事物并收集第一手资料。

管理者应当实地察看工作实际发生的地点，以便直接收集事实信息。在知识型工作者的环境中，除非工作场所或团队已经实施了可视化管理手段，否则要直接观察到工作实况，可能是困难的甚至不可能的。

在每个核心工作区域，无论是团队区域、监控职能部门、产品领域还是大部屋管理层，工作的执行过程都应当实现可视化。这意味着工作不仅需要被展示出来，还应该遵循一个统一的标准，用以向组织内的其他成员解释工作的完成方式、绩效的衡量标准，以及当前正在解决的具体问题。只有这样，管理者才能够以一种高效且有意义的方式，通过实地察看来深入了解实际情况。

引领并尊重员工及其工作成果

最接近问题的人通常对问题有最深的了解。若想让组织中的员工既高效又充满积极性，管理者必须学会引领并尊重员工及其工作成果。

只需在走廊上漫步，回头面向你的团队成员，提出几个与绩效相关的问题，这样的举动就可能激发出一些令人期待的交流时刻。管理者对工作现场（在精益环境中的现场）的访问，有时被称为“走廊漫步”。然而，问题在于，领导的来访往往会被组织预先得知并有所准备，因此他或她之后在工作现场观察到的许多情况可能都是经过精心安排的，而不是工作场所的真实面貌（例如，清洁工作已提前完成，指标已人为更新，看板也已调整至最佳状态）。对于促进学习和指导所需的诚实对话而言，这样的环境并不理想。

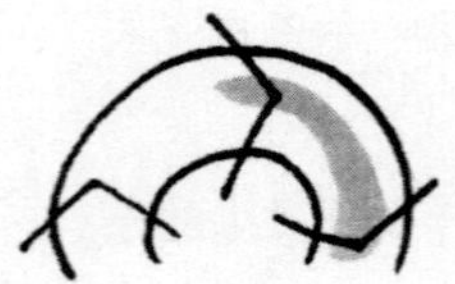

原则六：持续改进

自科学思维渗透至管理领域以来，组织的系统性构建与对持续改进的不懈承诺便如影随形。比如，20 世纪初，弗雷德里克·温斯洛·泰勒（Frederick Winslow Taylor）将科学思维引入工业时代的组织管理中。对于许多人而言，检验改进活动是否真正提升了组织绩效，并以此为基石，持续追求更佳成果，实施系统性的优化，具有深远的意义。

建立持续改进的文化

在持续改进的征途上，20 世纪还涌现了诸如沃特·休哈特（Walter Shewhart）和戴明等杰出人物，他们在 20 世纪 50 年代参与并推动了日本汽车工业的发展。值得注意的是，休哈特提出的 PDCA 循环（Plan-Do-Check-Act）经戴明改良后，在 1993 年以 PDSA① 的形式出版。这个持续改进的循环框架，已深深植根于当今许多源自精益或敏捷理念的工作实践中（见图 3-19）。

因此，持续改进的历史相当悠久，可以追溯到 20 世纪初。我们大脑中似乎有某种逻辑上的认同，支持持续改进的理念，然而，我们却常常缺乏将其付诸实践的能力。这是为什么呢？

---

① 请注意，尽管有些人将 PDCA 称为“戴明循环”，但戴明本人对此持有异议，原因有二：一是该循环本质上源于休哈特，而冠以戴明之名实为误传；二是戴明不同意休哈特原始循环中的“检查”（Check）阶段，他在 1993 年的模型研究中强调，应通过深入研究（Study）来实现真正的学习，而不仅仅是停下来快速检查结果是否符合预期。

图 3-19 戴明 1993 年出版的《新经济学》（*The New Economics*）中的 PDSA 循环

目标管理不允许有学习时间

只有不断学习，才能不断进步。然而，学习往往不被直接视为实现目标的一部分，而是培养和教育这种文化的重要环节。目标管理的核心在于推动目标的达成，但在这个过程中，学习有时看似会拖慢进度，因为学习的效果并不会立即转化为可量化的业务成果。事实上，从目标管理的传统角度来看，有人会认为学习是一种资源的浪费，特别是在面临挑战时，我们往往倾向于直接解决问题，如救火和故障排除。但请允许我澄清，当紧急情况发生时，如房子着火，我们需要迅速调动系统 1 思维，要么有效灭火，要么确保自己安全。然而，如果系统 1 思维成为我们唯一依赖的思维模式，那么我们将无法从根本上改进环境，火灾或其他问题仍将不断发生。

我们习惯于回避问题，因为在目标管理的环境中，问题似乎预示着我们正走在通往失败的道路上。然而，从持续改进的原则出发，不暴露问题实际上意味着你无法有效改进，因为你看不到需要改进的地方。这就像蒙着眼睛奔向一个目标明确但充满未知挑战的目的地。

为什么持续改进如此困难

还记得那个试图用斧头砍树的人吗？他是否因为太过忙碌，以至于没有时间和旁边提供电锯的人交谈？同样地，一些人声称他们没有时间进行改进，因为他们正忙于手头的工作。

当我们重复进行某项活动时，一些看似不错的改进想法很容易被遗忘。萨蒂亚·查克拉沃蒂（Satya Chakravorty）将持续改进的尝试与减肥的尝试相比较，并指出这些尝试“往往无法产生持久的影响，因为参与者会逐渐失去动力，并重新陷入旧习惯中”。他们的研究表明，由于缺乏习惯的养成，近 60% 的持续改进计划未能成功。因此，尽管每个人都认同 PDSA 循环的意义，但如果我们无法找到一种方法，让持续改进成为一种习惯性的活动，那么我们就很难将其真正付诸实践。

将重点从取得成果转向学习改进

学习是大部屋的中心主题，这导致目标管理（例如，通过典型的 RAG 报告）会逐渐被注重持续改进的人员和流程所取代。这一转变意味着管理层不再仅仅关注结果，而是更加聚焦于构建和优化产生这些结果的系统。

研究表明，这不仅是一种更有效的方法，也是一种更健康的方法。卡罗尔·德威克（Carol Dweck）将这种差异精辟地划分为固定型思维模式和成长型思维模式。固定型思维模式认为，无论最终失败还是成功，个人能力都是固定不变的。如果你失败了，你就会被贴上“失败者”的标签；而如果你成功了，则会被认为是“聪明”的。但问题在于，这种思维模式不会培养自尊或促进成功，反而会因为缺乏激发学习和成长的动力而阻碍成功。

成长型思维模式的核心在于学习。你有多聪明并不重要。重要的是持续学习的态度，因为学习能够助你做出更优秀、更明智的决策。因此，真正的回报不在于最终的结果，而在于为学习所付出的努力所得到的赞赏和鼓励。德威克的研究揭示，当孩子们在一个鼓励成长型思维模式的环境中成长时，他们不仅会更快乐，而且表现会更出色。这正是我们在大部屋中寻找的理想思维方式。

> 如果我们的经营理念和管理方法不融入持续的适应和改进机制，那么公司及其管理者在日益变化的环境中可能会逐渐陷入一种越来越不适应的运作模式。
>
> ——迈克·罗瑟（Mike Rother），丰田套路

采用持续改进的思维和行动方式将深刻影响问题的识别和解决过程，以及信任的给予和责任的承担。对于那些在职业生涯中长期秉承传统管理风格的管理者来说，这无疑需要进行重大的范式转变。在这种转变中，发现问题将被视为积极的信号，标志着改进的开始，而不是失望、愤怒或惩罚的预兆。引入这种思维和行为方式，实际上是对个人长期以来形成的基本信念和习惯的一种挑战与重塑。在这个过程中，聘请一名教练作为外部顾问，利用其专业视角和经验来指导转型，无疑是一个值得考虑的选择。除此之外，遵循那些有助于你提出正确问题的改善套路，也将有助于进一步强化成长型思维模式。

大部屋的
深度思考

LEADING WITH
OBEYA

以下 4 种能帮助你提高使用大部屋能力的方法，你都了解吗？

1. **用反思性问题结束每个会议，以促进学习和持续改进。**
2. **定期进行回顾会议。**
3. **使用泰扬（Teian）系统，用户可以将改进建议放入改进收件箱中，然后在回顾会议期间进行讨论。**
4. **参考本书中的大部屋行为模型和描述，以确定是否所有因素都存在并按照预期执行。将其作为教练模型，用于指导会议期间遇到的问题以及这些问题在模型中所处的位置。**

解决阻碍我们前进的问题

在开始你的大部屋工作时，对问题[①]的定义达成共识是一件非常有用且实际的事情。我们不能假设所有人都以同样的方式看待同一个问题。对你来说构成问题的事物，对我来说可能完全无关紧要。这取决于我们各自的理解，以及问题如何影响我们，还包括我们愿意深入探究系统以揭露其本质的程度。

如果你想在组织中推动一种持续改进的文化，那么不知道或不承认自身存在问题则是一个很大的根本性障碍。事实上，如果问题依然普遍存在却被隐藏，即使它们有时显而易见却被故意忽视，那么任何试图让你的系统或流程变得更好的努力都将面临重重困难。

> “线索是引领你专注于真正重要事情的关键。通过持续解决你所正视的问题，并以正确的方式解决它们，你就能避免重蹈覆辙。最终，你会走得更快。”
>
> ——雅尼·斯米特（Jannes Smit），IT 总监

一个既实用又可行的问题定义是：“在任何给定时间，任何与期望不符的表现。”你可能会想，“如果这就是定义，那么岂不是几乎任何东西都可以视为问题？”对的，按照这个定义，我们会在你今天的工作中找出至少 100 个问题。然而，挑战在于通过优先考虑期望的表现水平来确定首先要解决哪些问题。有些问题虽然值得注意，但并不是最紧迫的。因此，在这种情况下，我们应暂时调整对期望的表现水平的关注，专注于团队一致认为最为关键和紧迫的问题上。

① 在某些实践中，问题也被称为“障碍”，因为它们阻碍了价值的流动。在本书中，我们将统一使用“问题”这个词，它与“障碍”可互换。

明确问题如何影响绩效或阻碍我们达成目标，有助于更准确地设定优先级。例如，基于问题的严重性影响范围或紧迫性来确定优先级。如果我们的网站上存在一个缺陷，即在客户填写联系表后显示错误的响应信息，那么相比之下，这个问题可能不如客户在线结账时自行车零件价格计算错误那么严重或紧迫。

使问题可见

为了能够在我们所做的事情上做得更好，必须清除那些阻碍我们实现预期绩效的障碍。而为了有效解决这些问题，我们首先必须使它们变得可见，从而暴露它们。

然而，这正是暴露问题过程中的一大挑战。对于那些多年来一直习惯于在忽视问题的环境中工作的团队来说，已经习惯了他们的流程中存在的绩效阻碍。因此，这些阻碍往往被视为“现状”而不再被视为需要解决的问题（见图 3-20）。

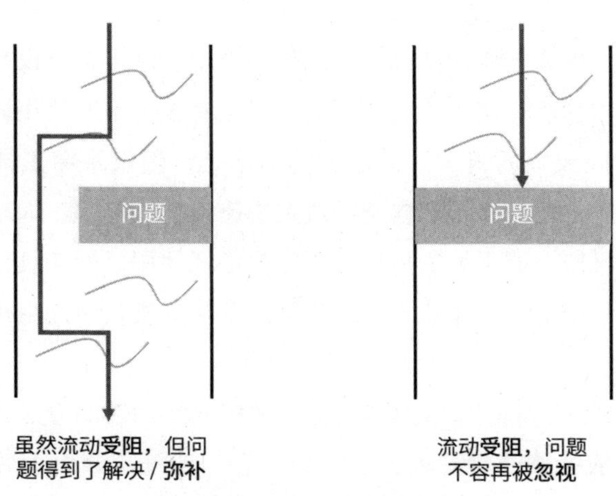

图 3-20　问题往往会得到补救

在大部屋中，可视化问题有助于我们明确哪些是必须立即处理的，以及哪些是可以改进的。它将暴露出来的问题放在大部屋这一我们能直观看到的大环境中，从而帮助我们理解问题发生的背景。这无疑是朝着确定优先级和有效解决问题方向迈出的关键一步。

大部屋的深度思考

LEADING WITH OBEYA

为确保问题在大部屋中清晰可见，你需要思考创建的视觉化信息是否具有以下几个特征：

1. **是否与一个特定挑战相关（如战略能力）？**
2. **是否显示了预期绩效指标？**
3. **是否显示了当前的绩效状况？**
4. **是否能立即发出有没有达到预期绩效的信号，包括趋势分析和任何可能出现的偏差度量。**

养成持续改进的习惯

我们在工作中未能应用持续改进的另一个重要原因是，没有养成这样的习惯。迈克·罗瑟已经深入研究了那些虽然复制了丰田所使用的工具，但似乎从未达到相同成效的组织。他得出的结论是，**仅仅采用工具是远远不够的，更重要的是要培养一种包含持续改进心态在内的习惯。**如果我们不致力于养成这样的习惯，那么无论是新买的还是已经使用过的工具，最终都会被束之高阁，而我们的“工作花园”也将因此杂草丛生，失去生机。

迈克·罗瑟已经将改善套路转化为一种极具实用性的方法，该方法的名称与其促进形成持续改进习惯的目的相吻合。他深入分析了潜在的行为模式，以探究丰田成功的奥秘，他之所以对丰田的工具复制未能带来预期效果深感好奇，是因为他渴望找到背后的原因。这一切最终归结为某种特定的思维和行为模式，该模式在管理者与团队成员之间得到了统一体现，无论他们使用何种工具或拥有何种资历。

此模式的卓越之处在于，它适用于每个人（从小学阶段起），能够帮助人们养成新的习惯。无论是在实际工作中的实践者，还是能够引领改进、提升组织绩效的管理者，都能从中受益。

正如《凤凰项目》（*The Phoenix Project*）和《DevOps 实践指南》的作者吉恩·金（Gene Kim）所阐述的关于丰田生产系统中的改善套路的观点："这是我们期望任何管理者，在从现在开始的大约 10 年间都应当具备的那种思维方式。"

丰田套路具有以下特点：

- 适用任何没有明显答案的过程或问题。
- 强调短周期地、有规律地进行实验，以追求渐进的、直观的且持久的结果。
- 涉及一位导师（管理者）和一位改进者（管理者团队中的成员），他们根据教练卡上的一组标准问题进行对话。
- 可能会有第二位导师在场，以辅导学习教练套路。
- 通过定期、短时间间隔的活动实现持续学习，并积累每一步的小成果。
- 强调各方都参与学习，无论是在会议中还是在日常对话中。

让我们看看在自行车工厂示例中，丰田改善套路是如何应用的（见表 3-1）。

表 3-1 丰田改善套路的步骤

步骤	说明
获得方向或挑战	在尝试前往任何地方之前，应该确保努力会带来我们认为重要且有价值的结果。挑战往往源于大部屋的核心目标。那么，现在最重要的目标是什么？以自行车工厂为例，挑战之一可能是将自行车的生产成本控制在一定水平以下，以确保产品能够在市场上保持竞争力。这样的挑战应该既雄心勃勃又切实可行，最好设定在一年左右的时间能够达成
把握现状	在我们能够评估迎接挑战的最佳策略之前，必须首先明确当前所处的位置，这将有助于判断距离我们设定的目标还有多远。仅关注每辆自行车的总成本是不够的，还须审视整个生产过程，以了解导致这一成本的具体原因。这些原因包括材料、劳动力成本、运输等
建立你的下一个目标条件	既然我们更深入地了解了成本挑战的具体原因，就可以确定希望从哪些方面入手改进，从而降低总体成本。通常情况下，需要设定一系列后续的目标条件，才能逐步达到我们在整体挑战中所期望的位置
知识阈值	在我们面对使用套路所带来的挑战中，关于当前条件或目标条件的有些事情是我们未知的，而这些未知之处正是迎接挑战时可以发掘的价值所在。 迈克·罗瑟将任何超出知识阈值的事物都称为“不确定性迷雾”。这是我们开始需要做出假设并进行探索的领域。但为了达到我们的目标，必须努力穿透并揭示这些迷雾
朝着目标尝试	承认我们无法确切预知未来行动的结果，尤其是在踏入未知领域时，应该首先从实验入手，以拓宽我们的知识阈值，并克服通往下一个目标条件的道路上的障碍

丰田套路改进模式与培养人才原则下所描述的教练套路紧密结合。在“连接各层级”的视角下，我们观察到了这种模式如何在组织内部逐步演变并渗透各个层面。在大部屋中，当我们勇于暴露问题时，往往会发现许多潜在的改进空间。这一过程不可避免地要求我们做出明智的决策。

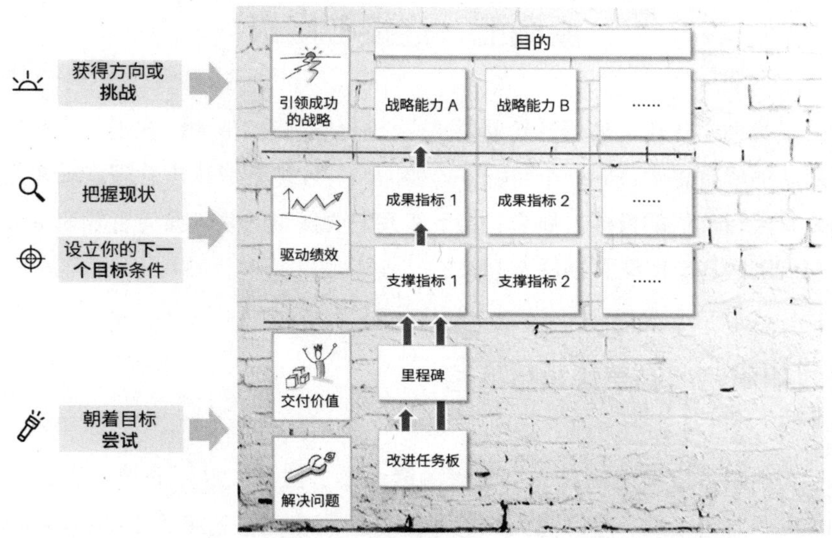

图 3-21　当我们在大部屋中“拉远视角”时，看到的丰田套路模式的各元素

大部屋的深度思考

LEADING WITH OBEYA

为了确保大部屋中的信息与团队面临的挑战、当前状况和目标状况紧密相关，请思考以下 3 个问题：

1. **你是否能找到这些信息与团队面临的挑战、当前状况和目标状况之间的相关性？**
2. **如果它们不相关，那么这些信息如何能够为管理团队提供额外价值或启示？**
3. **如有必要，管理团队是否能基于这些信息及时有效地采取行动？**

原则七：连接各层级

让管理团队从大部屋开始着手是一个好的起点。但关键在于，只有当所有团队能够真正围绕同一个目标齐心协力时，才能达成改进管理系统并充分释放其潜在价值的目标。那么，接下来我们要探讨的是，如何有效地将大部屋与周围的各个团队紧密联系起来？

通过组织的所有层级执行战略

在组织各层级之间建立有意识的联系的方法其实并不新鲜。方针管理（Hoshin Kanri）是一个广为人知的战略管理概念，它起源于 20 世纪中叶的日本质量管理领域，因此其名称带有鲜明的日本特色。该名称的 4 个组成部分非常巧妙地概括了它所要实现的目标：

- Ho——方向；
- Shin——焦点；
- Kan——对齐；
- Ri——理由。

方针管理的一个重要方面在于将组织的各个层级连接起来，确保在方向和重点（通过决策或政策制定）上保持一致，同时，它也强调在协调（通过组织内每一层级或区域与下一层级或区域的参与式对话）和共同学习的机会上进行协作。此外，方针管理还提供关于战略方向和学习成果的证据，以便灵活调整或坚持既定的战略路径。你会发现，本书中描述的大部屋与方针管理紧密相连，并被视为一种实用的工具，旨在使战略执行成为管理团队日常工作的核心组成部分。

从首席执行官到运营层级的团队，所有事务都应保持高度的一致性。这是一项极具挑战性的任务，但我们必须从促进组织中各层级和部门之间的持续沟通做起。因此，对话应从高层开始，并围绕以下 3 个方面展开：

- 我们共同努力希望达成的目标。
- 实现这些目标的策略。
- 实现目标所需的支持。

一旦首席执行官与其团队就这些问题达成一致，该团队就可以将这些信息转达给各自的下属团队，而后者再进一步转递给他们的运营团队。在每个层级，都应明确目标、策略以及实现目标所需的支持措施（见图 3-22）。

从某种程度上说，战略已深植于整个组织之中。因此，当你穿过一栋建筑物来访问不同级别的大部屋时，你会在目标中继、战略执行能力、价值交付区域的项目进展、报告障碍等方面，清晰地感受到这种层级间的级联效应。每个大部屋看起来可能略有不同，但只要坚持应用大部屋行为模型中所采用的视觉区域划分原则，它们就能像拼图一样，具备所有必要的组件，并且这些组件能够完美地组合在一起。

在实践中，情况究竟如何呢？如果首席执行官从自己所处的董事会级别的大部屋出发，逐层穿越各个管理层级，直到工作一线团队，他应该能在整个组织中观察到相同的战略要素，只是每一层都呈现得更具体和细化。每个层级都蕴含着更深层次的细节，以及对系统中每一部分如何协同工作以实现更大目标的深刻理解。这样的做法能够让高级管理者更直接地洞悉组织内部实际运作的真相，而不是仅仅依赖那些经过层层解读、受主观影响且在进入董事会之前已失去大部分原始意义的精细报告。

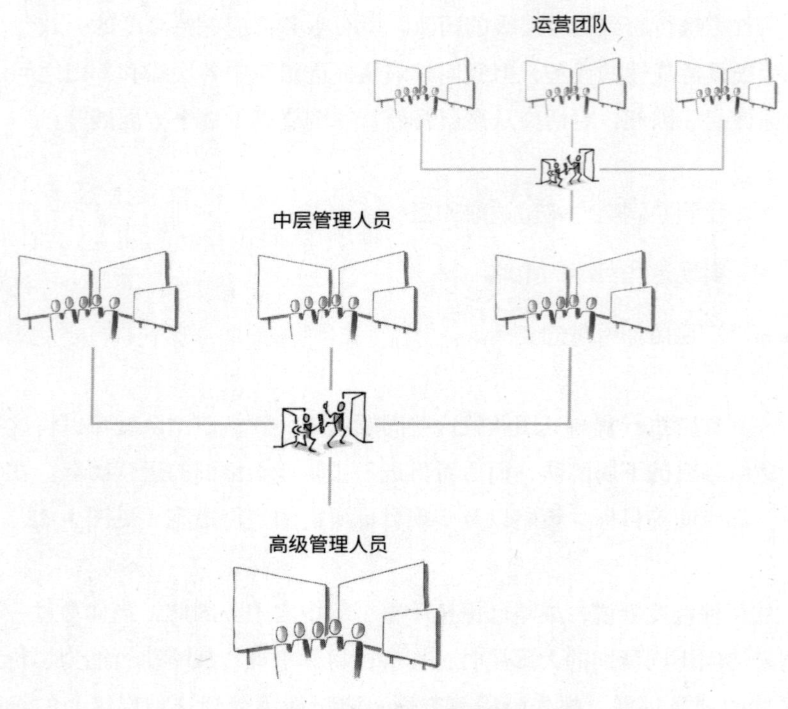

图 3-22 连接各个层级的团队

我们期望优化此流程，以确保组织中的每个团队在各个层面上都能与实现总体目标保持高度一致。那么，我们如何在组织内部的不同级别之间顺畅地转换与协作呢？

通过信息的相关性和颗粒度协作

从你期望在大部屋中找到的信息开始，然后再扩展到其他相关信息。在大部屋中，最难做到的事情之一是确保墙上展示的信息和例行程序中的信息处于恰当的层级。**能够深入了解对你的团队来说真正重要的是什么，是团队在创建和维护他们的大部屋时必须掌握的一项至关重要的技能。要意识到，整个过程实际上是团队学习的一部分，而且可能是一个持续不断的过程。**

那么，当为视觉图像选择正确的抽象级别时，我们在寻找什么呢？大部屋抽象的黄金法则是：问题应该是可见的，且由团队中的一个成员负责，并且至少与团队中的两个其他成员相关。如果你无法将问题明确指派给团队中的某个成员，那么信息中就存在歧义，你需要进一步澄清。如果该问题与团队中除负责人外的至少两名其他成员无关，那么这个问题可能太过具体，应在更具体的下游区域解决。尽管如此，该问题的处理进度或绩效结果仍应是可见的（见图 3-23）。

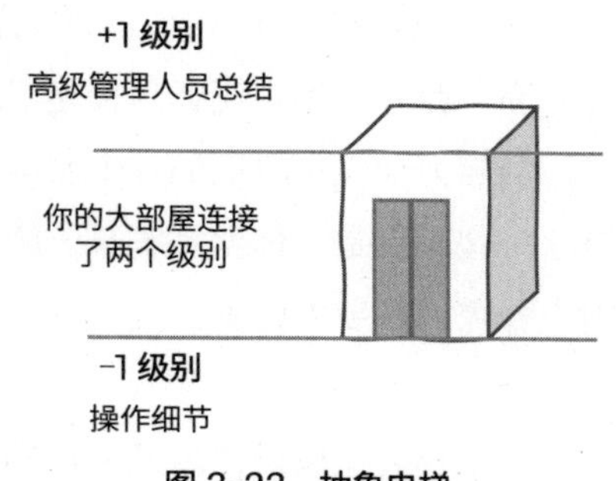

图 3-23　抽象电梯

通过对话在大部屋中部署战略

组织内下一层级的每个团队都必须审视更高层级的目标，并深思：“若此为更高层级的目标，我们需采取何种行动，又需从组织中获取哪些支持来实现这一目标？”随后，这些反馈应回传给先前的团队进行反思：我们是否准确理解了彼此？从组织整体追求目标的宏观视角来看，我们的行动是否具有实际意义？通过这种方式，我们实质上构建了一个以目标为驱动力的团队生态系统，这些团队致力于共同愿景、反思和验证战略执行的有效性，以达成既定目标。而大部屋则是汇聚所有必需背景信息，助力实现这一目标的关键平台。

在战略部署中，对话的价值不容小觑。不能期望高层管理者完全掌握一线作战的具体情况。担任管理职务者不应将决策建立在假设之上，而应深入一线，向运营人员学习，掌握实际情况，并在对话中依据实际情况提出恰当的后续行动方案。

大卫·马凯特（David Marquet）在他的书《你就是艇长》（*Turn the Ship Around*）中，阐述了从“指令式管理”（告诉人们该做什么）转变为赋权式管理（让人们主动承担责任并前来讨论如何完成任务）对船员士气及绩效产生的深远影响。他强调，为了成功执行船员的任务，人们需要具备清晰的目标（愿景）和执行这些任务所需的能力（才能）。在大部屋中，这两个要素是促成有效沟通的重要方面。此外，书中还详尽描述了通过转变对领导力和责任的认识和行为方式，领导力如何在组织的各个层级中得以发展，这种转变超越了级别或职能界限。这不仅是《你就是艇长》的核心理念，也是在大部屋中实现并协调组织中各级别领导力的重要途径。

从本质上讲，战略决策（政策）应该被定义为这样一种方式：它们能够赋予作战团队能力，使其能够依据具体情境做出决策，并有效支持他们采取相应的行动。在此情境下，一个战略方针可能是：“我们希望尽快抵达罗马，但同时要求行进路线安全且倾向于徒步前行。”在许多情况下，关于如何实现这一目标没有绝对的、非黑即白的答案。在这种情况下，运营团队会根据实际情况做出判断，可能认为穿越森林是符合战略方针的最佳选择，因为公路对于步行者来说可能不够安全。

当他们率先行动时，会将自己的决策及时传达给后方的管理层，通报前线的新进展，以及他们是如何根据战略方针做出情境化决策的。后方的管理者现在能够及时了解前方团队不断变化的状况，以及团队是如何将他们所制订的战略方针付诸实践的。这个故事的核心在于，为了有效执行任何形式的战略，你需要在组织的各个层级之间保持持续的对话，不断回顾已经做出的战略决策，并反馈这些决策的实施情况，以及实施过程中需要哪些支持。如果你的组织中缺乏这种对话机制，那么你的战略很可能只是纸上谈兵，难以转化为实际行动。

> 管理团队必须清楚地了解一线团队需要哪些支持才能提升生产力。他们必须理解‘我们作为管理团队的核心任务，是为负责交付价值的团队营造一个良好的工作环境’。管理者应采用仆人式的管理方式，并坚信运营团队有能力完成他们必须承担的责任；或者当需要时，他们会通过级联系统来寻求必要的支持。
>
> ——斯温·迪尔（Sven Dill），敏捷教练

促进连接和反思

当一个人向另一个人讲述一个故事后，另一个人往往会以略有不同的方式转述给下一个人。这是因为每个人的大脑都会处理传入的信息，将其融入自己的知识背景中，提炼故事的关键元素，并用自己的语言重新组织后再进行转述。这种情况在篝火旁的故事传递中尤为常见：当一个人开始向旁边的人讲述一个故事，并且这个过程不断延续，直到故事最终回到最初的讲述者那里时，人们会惊讶地发现故事已经发生了显著的变化。而实际上，这种“故事变形”的现象也普遍存在于日常的商务会议中和其他交流场合。

现在管理一个篝火小组（Campfire Group）是相当容易的，但在一个包含 100 个篝火小组的组织中，管理的难度会显著增加。信息每天都在组织中传递，但主要依赖于有限且往往是非语言的交流方式，如电子邮件。鉴于研究表明人类传递的大部分信息依赖于非语言元素，如果我们过度依赖电子邮件这种交流方式，那么会产生什么样的潜在误解呢？

在大部屋中，我们旨在将单向交流转变为双向对话（见图 3-24）。我们利用墙上的可视化数据与团队中的每位成员进行沟通，并口头分享这些数据背后的故事。虽然电子邮件可作为有益的辅助手段，但不应成为沟通的主要渠道。为了促进连接和反思，以下是大部屋中的两个实用建议：

- 让每个人在会议结束时总结他们的决策和后续行动计划，以确保每个人的期望和理想达成一致。这也将增强每个人的责任感和主人翁意识。
- 当向他人提出请求或达成协议时，询问一下这对他们意味着什么，他们计划如何执行，以及他们在实施过程中可能需要你提供哪些帮助。这将加深你们的共识，并助力他们顺利展开工作。

图 3-24 使用双向对话来接球，以确保达成共识

LEADING WITH OBEYA

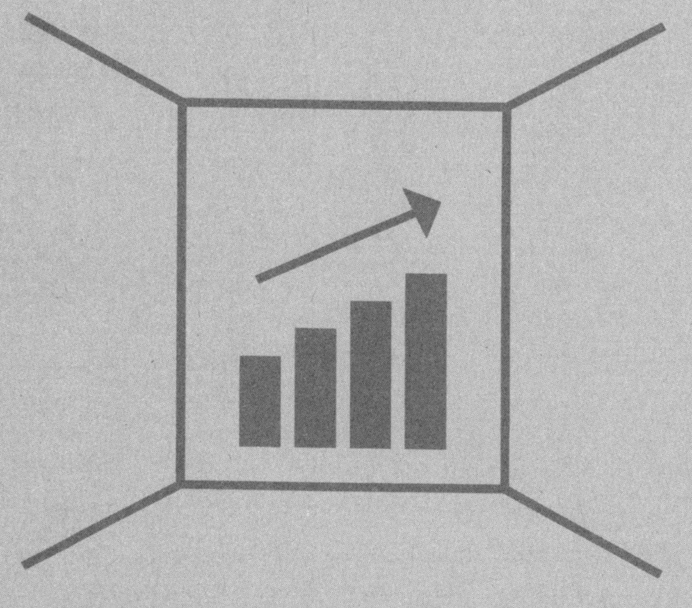

第 4 章

应用 5 大看板，每周 8 小时提升团队绩效

在第 3 章中，我们了解了在大部屋中思考与行动的 7 大原则。这些原则有助于团队开发和使用大部屋墙上的内容，也可以帮助他们与干系人、团队成员以及彼此进行互动交流。

到目前为止，我们知道了大部屋对齐工作法为什么有用，并且了解了其背后的原理，是时候看看在大部屋房间里的可视化区域有什么了。大部屋具有不同的规模、形状，并且可能包含不同类型的内容。这就是为什么在本书中只讨论一种形式的大部屋是没有用的。我们会使用大部屋行为模型来探讨可视化区域的内容。管理者的每项关键职责都对应大部屋里的一个看板。这样，他们所需承担的关键职责的各个方面在墙上都清晰可见。

通过这种方式，不管你的大部屋看起来如何或者你如何布局墙上的看板，就变得不重要了，因为你总是可以将墙上的内容与大部屋行为模型关联起来，帮助你检查它的完整性、一致性并通过任何一个大部屋来浏览这些内容。但是要记住系统思考原则，即任何看板都必须清晰呈现以揭示整个系统各个环节的运作。

基本上，任何一个管理者都具有 5 大关键职责。这些职责并不是附加的或者次要的工作，而是管理者的基本工作。在大部屋中，这些职责都被可视化了（见图 4-1）。

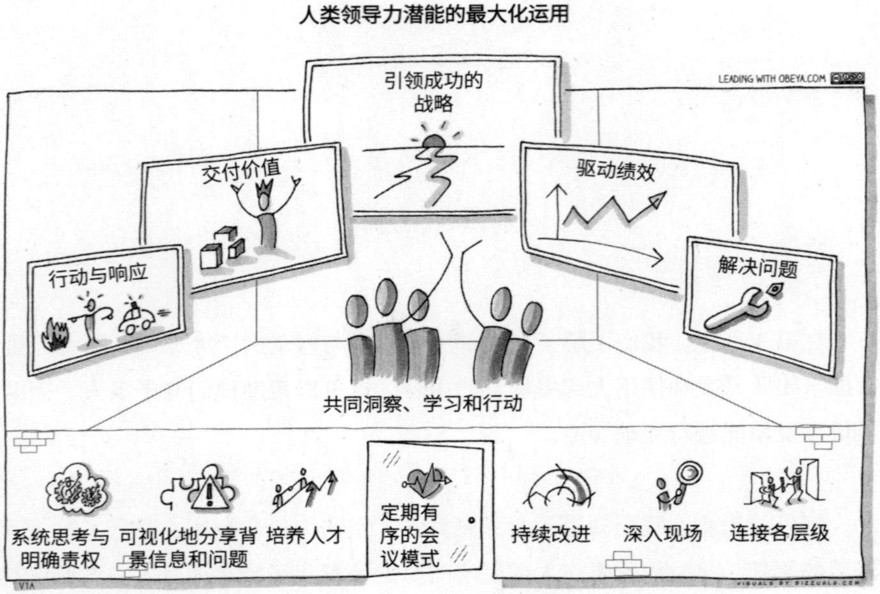

人类领导力潜能的最大化运用

图 4-1 大部屋行为模型

上述职责区域囊括并支持了任何商学院毕业生都认可的常见商业实践活动，比如财务、营销、风险管理、流程管理、（项目）投资组合管理，等等。在大部屋中，我们尽量通过图示来解释这些活动，否则就得通过冗长、乏味的会议和使用 Excel 表格和各种报告来达到同样的目的。我们只选取这些活动中重要的相关部分，并与团队创建一个看板共享背景信息。因此，我们鼓励团队积极参与到这些实践中来，共同洞察、学习并采取行动。在继续深入讨论这些关键职责之前，让我们先简单了解一下它们。

- **引领成功的战略：** 管理者的首要目标是帮助组织达成目标。为此，基于组织当前所处的环境，管理者必须制定、执行、检验并持续改进最适合组织实际的战略措施。如果管理者在这一职责上做得不好，组织将无法实现其目标。

- **交付价值：**每个组织都要为其客户或干系人交付某种类型的价值。由于我们只能花一次时间或金钱，管理者必须关注价值的选择。确保创造最大价值是管理者需要专注的一项核心职责。这都是为了做正确的事。
- **驱动绩效：**不仅是价值的选择，如何交付价值也是组织成功的一项关键因素。如果我们不能提升我们的能力，那么诸如产品和服务的交付时间或质量等事项就会受到影响。为了让客户和干系人获得期望的成果和价值，我们必须以正确的方式做事。
- **行动与响应：**制订计划并确保团队遵照计划开展工作是一回事，而确保团队能够没有障碍或问题地推进工作则是另一回事，这意味着管理者必须持续地支持团队，采取行动并响应团队的各种提问、请求和遇到的问题，以及在通往成功之路上每天发现的新情况、新经验和新教训。
- **解决问题：**任何组织中都存在一些并没有显而易见的答案或解决方案的问题。认识到这些问题并积极主动地与团队一起解决这些问题，是管理者的一项核心职责。

在大部屋行为模型中，你会注意到看板之间没有具体顺序，但有 3 个层级：

- 最顶层是关于战略的看板，该看板位于顶层是因为战略看板为其他看板定义了其内容的范围。
- 第二层是关于优先级排序和规划的看板。这里你会找到交付价值和驱动绩效的看板。

- 第三层是行动与响应、解决问题看板，它们的内容是更上层看板的逻辑结果。当你按此层级建立起自己的大部屋时，通过解析上层看板，你会发现下层看板所需的某些行动和问题自然而然地就暴露出来了。

在本书中，我们将按照上述列表的顺序逐个解释每个看板。如果你也遵循这个过程，你将能够使之运转起来，并与你的管理团队每周实践战略领导力的所有方面，使该部分的工作在 8 个小时内完成。余下时间你可以处理行政事务方面的问题、建立联系并提出战略方向的改进。

大部屋的深度思考
LEADING WITH OBEYA

为了通过大部屋提高团队在管理职责上的有效性，请思考以下 3 个问题：

1. **你所处的组织环境中，管理者是否理解上述 5 大关键职责？**
2. **你的团队是否对齐并聚焦于这些关键职责？**
3. **如果是，如何提升整个团队在这些关键职责上的效能？**

为展示大部屋行为模型在实际中的应用，我们将提供一些大部屋设计的样板示例。大部屋行为模型有助于识别大部屋的组成部分，但每个房间都会有不同的布局，或者强调与使用团队最相关的不同方面。

例如，相较于使用大部屋来管理人力资源的团队，为高度聚焦于产品开发的团队所设计的大部屋中会展示比人力资源部的大部屋里多得多的产品信息和原型。

让我们来看看本书中一直使用的“自行车工厂”的示例（见图 4-2）。这个工厂有两个团队分别以产品（自行车）和服务（网站和 App）的形式为客户交付价值。我们将查看每个团队的大部屋的基本潜在设计。因此，两个团队的大部屋也都与同一个整体组织相关联。它们可能在布局上看起来有所不同，但它们在战略方面相一致，并且都是根据大部屋行为模型的相同要素构建起来的（见图 4-3 和 4-4）。

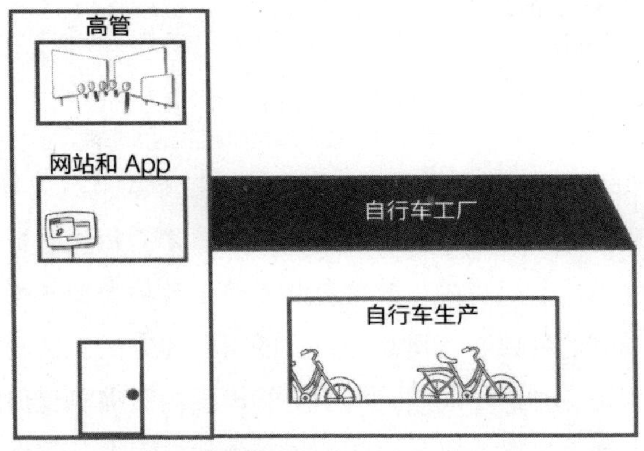

图 4-2　一个虚构的示例：自行车工厂

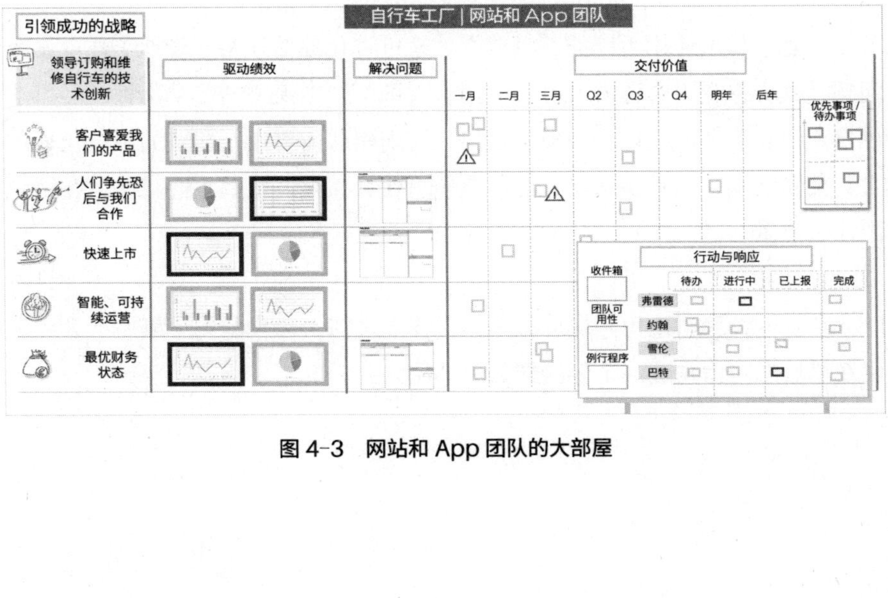

图 4-3　网站和 App 团队的大部屋

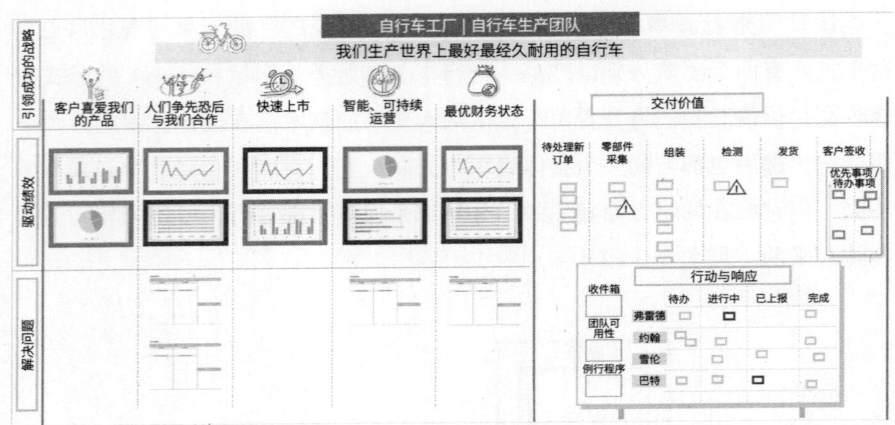

图 4-4 自行车生产团队的大部屋

大部屋墙上的内容可能看起来更加具体了。每块看板都包含不同类型的事项，比如指标、里程碑、改善套路板等。每种类型的组织都可以选择在大部屋行为模型的每块看板里添加自己的工具和方法。这就解释了为什么大部屋行为模型是一种通用模式，本质上管理层的关键职责仍然相同，但如何履行并将之可视化最终取决于团队的创造力和探索力，也就是说，取决于对团队来说什么最有效。

注意，如果使用不同的工具或方式来可视化你的战略、管理工作或暴露问题，只要你觉得合适那就随意应用，大部屋行为模型的各个看板就是以这种方式建立起来的。该行为模型指出了管理团队需要履行职责的可视化展示及其关联活动，而不是指出具体应该使用什么工具，以及它们应该放在墙上的什么位置。

在我们开始讨论每一块看板具体是什么之前，让我们先了解一下为什么要费尽心思努力构建一个像这样的大部屋。

再次声明，并没有关于大部屋布局的固定模式，上述只是两个示例。关键是你应该认真思考对你的团队来说什么是重要的，然后确定这些看板的逻辑布局。先尝试 6 个月，然后评估并寻求改进。

以下 3 个步骤可以帮助你在大部屋的墙上布置看板：

1. 尝试在纸上画一张墙上区域布局的草图。
2. 拿起 A3 或 A4 纸，把它们贴到墙上，看看设计多少个彼此相邻的区域比较合适，以此获得关于布局设计大小的一点儿直观感觉。
3. 手里最好有个像卷尺一样的工具，这样你就可以在你放置分割线的地方标记各个区域的边界。

看板一：引领成功的战略

在一个复杂多变、信息丰富和选择众多的工作环境里，我们必须非常清晰地知道组织目标是什么。如果我们想提高专注力，避免分心和减少无效工作，这是一项基本要求。

“引领成功的战略”看板是大部屋的起点。它是你房间里所有其他看板的基础信息和结构形式。实际上，任何其他看板都应该以某种方式与它相关联，否则，这些信息可能没必要在大部屋中展示。

所有管理者的首要职责都是引导组织朝着终极目标前进。这包括制定一个制胜战略，明确组织的总体动向，比如发展哪些能力，投资哪些产品，如何创建未来平台以及如何在竞争中定位等。

仅制订和实施战略计划还不够，我们必须清楚该战略是否能够帮助我们实现目标。真正的战略执行意味着与包括团队成员在内的干系人对话，明确组织目标并将他们与战略在逻辑层面和情感层面连接起来。

唯有如此，这些干系人才会理解并支持我们的战略。确保这一切发生是管理者的工作之一，而大部屋为对话的发生提供了良好的物理环境。

> 你在做小事时要想着大事，这样所有小事才能走向正确的方向。
>
> ——阿尔文·托夫勒（Alvin Toffler），未来学家

现在，让我们看看如何将“引领成功的战略”这一概念转化为看板一中的可视化组成要素。我们期望在这里找到管理团队意图实现其战略目标的视觉化证据。记住，重复重要信息有助于我们记住它以及做出更好的决策（见图 4-5）。

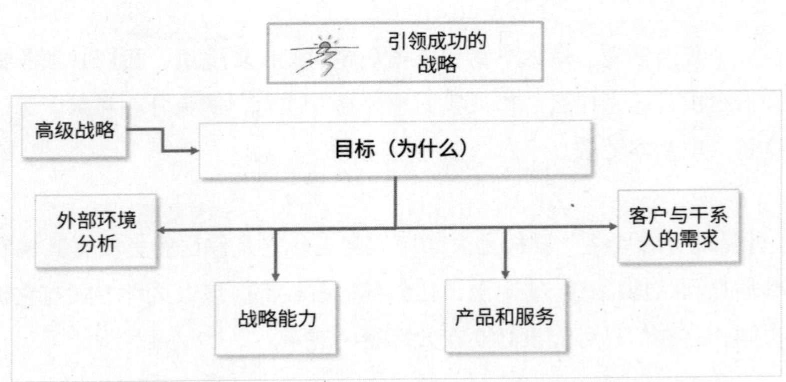

图 4-5　“引领成功的战略”看板的可视化组成要素

目标始终要解答“为什么”

在大部屋中，当团队启动工作时，首先需要商定的事项是目标。目标定义了团队的成功是什么，指导着团队以及他们所领导的团队接下来的每一项行动。目标从根本上解释了为什么每天要工作。对丰田普锐斯团队来说，首要目标是“制造 21 世纪的汽车”。这是团队探索之路的起点，最终造就了丰田普锐斯。

在大部屋中和你的团队一起花时间讨论“为什么”非常重要，这不仅是为了自己的大部屋，也是为了将目标向下传达到你所领导的各级团队。研究表明，**如果组织中的人们能够感知到目标并理解自己的工作是如何对该目标做出贡献的，他们将会变得更有效率。**

西蒙·斯涅克在其著作《从“为什么”开始》（*Start with Why*）中解释了人们是如何认同目标的，以及目标是如何将人们对组织及其产品和服务的忠诚度捆绑起来的。从另一角度看，对共同目标缺乏感知或深入理解，实际上会对团队的绩效产生负面影响。

让我们从定义目标开始并将它展示在大部屋中。好的目标为首席执行官、管理者和业务人员提供了日常决策的背景和指导。试着想象一下，你目前收到了两个对手公司提供的 offer，你更愿意为哪家公司工作？他们的目标如下：

- 目标 A：我们的终极目标是激发和培养孩子们的创造性思维、系统性推理以及释放他们的潜能来塑造自己的未来。（乐高）
- 目标 B：我们制造塑料玩具，你可以用它来做东西。

目标 B 是我虚构的，但可以代表与乐高一样制造类似产品的公司。这两个目标的关键差别是，第二个目标阐述了我们做的是“什么”，而第一个目标阐述了我们“为什么”做这些。当你读目标 B 的时候，你应该注意到了其中的差别。这里的“什么”实际上是一个确定的事物，因而也限制了范围（制造塑料玩具）。但乐高的声明吸引该公司的每个人和它的干系人投身到比制造塑料玩具更宏大的事业中去，即对人类的未来产生积极影响。不用说，这会让人们对自己工作的意义产生截然不同的评价。

制定目标不仅是简单地写下要做什么，而且要回答为什么这么做。下面是一个关于目标特性的检查表，你可能需要用它来检验你的目标质量。最重要的是，目标始终要解答“为什么”。无论我们每天做了些什么，都应该以某种方式对目标做出贡献。

好的目标具备以下特性：

- **情境性。**提供了一个决策框架，自主团队可以根据该框架做出有助于实现更高目标的决策。团队可以回顾他们的所有活动并检查这些活动是否有助于实现目标。
- **连接性。**使人们聚集在一起，作为团队共同协作。如果可能的话，这种连接应源于组织更深层次的宗旨，确保每个团队都能朝着共同的目标前进。
- **激励性。**使人们早上精神抖擞并对他们所做之事引以为傲。
- **雄心勃勃。**驱动人们自我发展和持续改进的需要。
- **个性化。**团队可以自由选择描述目标的词语来反映他们的信念和文化。
- **简短。**尽管目标会被提炼为关键的成功要素，但目标本身应该足够高，可以用一句简短的话来概括。正是这些关键词使其产生了强大的力量。

- **描述最终结果。**思想上以终为始，这就是你想要的结果。
- **永无止境。**某些你可以持续追寻的事物。

对目标进行好的表述是一种技能。请毫不犹豫地求助专业人士或你的组织里那些创意文案人才，来定义你的目标。尽管具体措辞选用应该包含团队的密切参与，你仍可以考虑先写下一些关键词和一句话作为与团队一起讨论的起点，然后请其他人提出一些改进，或者提出一些句子，你的团队可以从中选择。如果团队看起来无法得出结论，那么可以让更多人参与进来，这将加快你的目标制定进程。

确保组织有实现目标的战略能力

如果你想实现目标，必须确保组织有实现它的能力。现在我们有了目标，知道产品是什么，就可以开始研究组织关键的能力是什么，它又被称为战略能力，定义是“组织生存和繁荣所需的资源和竞争力”。识别战略能力，你将着手揭示组织系统中作为管理者应该关注的关键因素。

识别战略能力有助于确定我们真正应该管理什么和不应该管理什么。这为解决团队内部或外部尚无定论或悬而未决的责任问题奠定了基础。如果处理得好，团队成员可以将他们所有的日常活动和职责与这些战略能力联系起来。相反，如果团队的活动无法与战略能力联系起来，那么这些活动可能就不再必要，可以停止，或者这可能是一个信号，表明团队需要识别和承担新的活动或责任。

识别战略能力再次成为创建背景的一部分。它涉及到确定团队认为对于组织在其通往成功的过程中，真正需要发展和强化的核心能力是什么。一般来说，尽管组织实现战略能力的方式各不相同，但它们由类似的战略能力组成。图 4-6 是可能成为你的组织战略能力的主题。

图 4-6 通常可转化为战略能力的主题

这些主题可能并不全面，而且每个组织可能会有不同的术语或需求。因此，这些主题的目的是帮助你识别可能适合你的组织的战略能力主题。简而言之，你的团队可以选择他们认为对实现其目标至关重要的主题。

MECE 为你的目标奠定坚实的基础

把这些主题想象成桌子的腿（见图 4-7）。你的目标决定了桌子所需的支撑腿的数量和质量。如果腿太少，桌子就会不稳定，也无法稳固支撑其实现目标。如果有很多腿，它们有点多余，桌子看起来会很奇怪，使用起来不方便，而且也是一种浪费。

为确保你的桌子有数量合适的支撑腿，请对你的战略能力应用 MECE 原则[①]。这实际上意味着整套战略能力需要在两方面进行测试：

① MECE，是 Mutually Exclusive and Collectively Exhaustive 的英文缩写。用于确保在分析问题或数据时各个部分之间没有重叠（相互独立），又没有遗漏（完全穷尽）。——编者注

图 4-7 确保你具有支持目标的战略能力

- 每个主题本身就是一个独立的“主题”（与其他主题没有重叠）。
- 它们合在一起是一个整体（没有关键元素缺失）。

每种战略能力在稳定桌子（你的组织系统）方面都起着关键作用，因此目标可以实现。你可能还认识到，战略能力之间存在一定的平衡。例如，我们坚持更快上市，但这可能会影响质量。那么我们如何处理这个问题？在大部屋会议中，你的团队应该意识到对一个主题所做的决定是如何影响桌子的其他腿的。

优化战略能力以适应团队

无论是从图 4-6 中还是你自己的列表中，选择主题将是下一步的起点，即由团队（成员）对每个主题进行定性陈述，这些主题描述了作为最终结果的战略能力的期望（目标）状态。基本上，每个团队都会用他们自己的语言来描述他们认为组织必须具备的能力，最好是用一句话来描述。

让我们看看客户满意度主题的一个例子：“通过会议，我们了解了客户的需求，然后将产品或服务交付给他们。客户的反馈会不断得到审查并转化为有意义的功能，从而让客户满意。”

在示例中，你可以看到团队成员讨论并详细阐述了该主题。该示例看起来相当普通，但重要的是这些词是由团队选择的。他们整理了一个定性陈述，描述了这个主题的战略能力的理想状态，即如果我们想实现目标，作为一个组织，我们必须在客户满意度方面做些什么？上面的陈述就是这个问题的答案。

为了更有效地进行战略能力陈述，你需要思考两个问题：

1. **你是否认同，战略能力陈述没有绝对的对错之分？**
2. **在制定目标的过程中，是整个团队参与其中，还是具有特定职能的人来完成？（如人力资源主管完成代表人力资源的战略能力定义）**

下面是自行车工厂的示例（见图 4-8）。管理团队选择了一些战略能力，并以这样的方式陈述战略能力，即描述了他们认为作为一个组织取得成功所需要的东西。

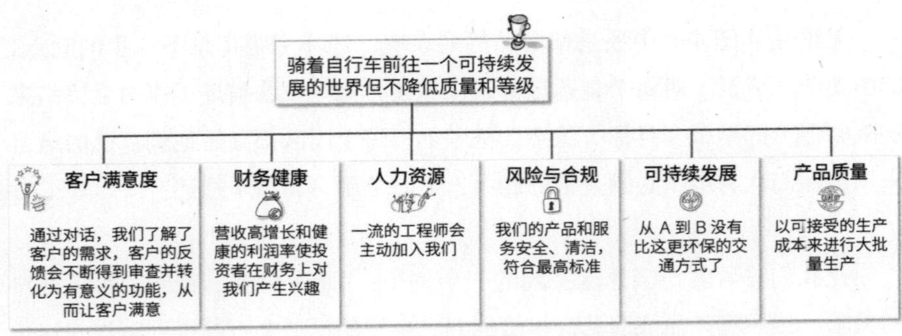

图 4-8 自行车工厂管理团队选择的战略能力陈述

对于自行车工厂示例中的每种战略能力，都有一名来自管理团队的代表负责展示该领域的绩效。此人最初还将负责推动所负责战略方向的指标的筛选和追踪以及相关战略支柱的持续改进。

在这里，你可以看到战略能力与 OKR 的关系，因为战略能力代表了高级类别，在该类别中团队应该努力实现目标以取得成功。在这个阶段，战略能力只是总的概括，因为 OKR 要求在一定时间范围内设定目标，而战略能力则是持续改进的无限灵感来源。

由于战略能力与某个特定的主题有关，比如人力资源或安全主题，如果你受到 Spotify 的敏捷框架的启发，分部领导可能是代表战略能力的最佳人选。

要确保每种战略能力都由团队中的某个人来制定和负责，这是应用“系统思考与明确责权”原则的重要组成部分。为什么？首先，每种战略能力都代表了系统中负责实现目标的关键部分。如果该系统的任何部分发生故障，你的桌子将会变得不稳定；其次，如果我们确实看到该系统中存在问题或挑战，我们希望明确谁将管理团队去解决这一挑战。这就是为什么某个人应该始终与战略支柱相关联。

> 大多数人都在为同一个目标而努力，但大多数时候他们都在为自己的目标而努力。在大部屋中，人们开始意识到这一切是如何结合在一起的，目标才开始变得有意义。
>
> ——妮安柯·阿尔玛（Nienke Alma），敏捷教练

将战略能力转化为有意义的决策和活动

现在，我们已经定义了一个战略能力，比如客户满意度。然后我们该做

些什么呢？这样的战略能力陈述该如何转化为大部屋中有意义的决策和行动呢？

首先，和你的团队一起共同决定谁将负责该战略能力。他可能是你团队中的销售总监，可能是市场营销主管，也可能只是对该主题最感兴趣的某个人，前提是你的团队没有任何明确的职责分工。其次，将战略能力陈述分解为更小的部分，以便我们可以发现更具体的指标、政策和大部屋中有意义的行动（见图 4-9）。

客户满意度

通过与客户对话，我们了解了客户的需求。将客户的反馈转化为有意义的功能，从而让客户满意

- 谁是我们的客户？
- 有多少客户为我们提供了真实反馈？
- 客户对什么感兴趣？对什么不感兴趣？
- 我们已经处理了多少反馈？
- 处理后的反馈是否受到了好评？

图 4-9 战略能力在大部屋中指导和促进相关信息的收集

正如你在图 4-9 中看到的，定性陈述可能会引发许多我们可能无法立即回答的问题或行动。这时，我们开始在引领成功的战略看板与识别我们希望在驱动绩效看板中使用的指标之间架起桥梁。由于每一个指标都与桌子的某条腿有关，这些指标为我们提供了具备战略能力乃至实现目标的重要信息（见图 4-10）。

提供这些指标可能会给管理团队带来新的见解、决策、发展、行动或实验，例如：

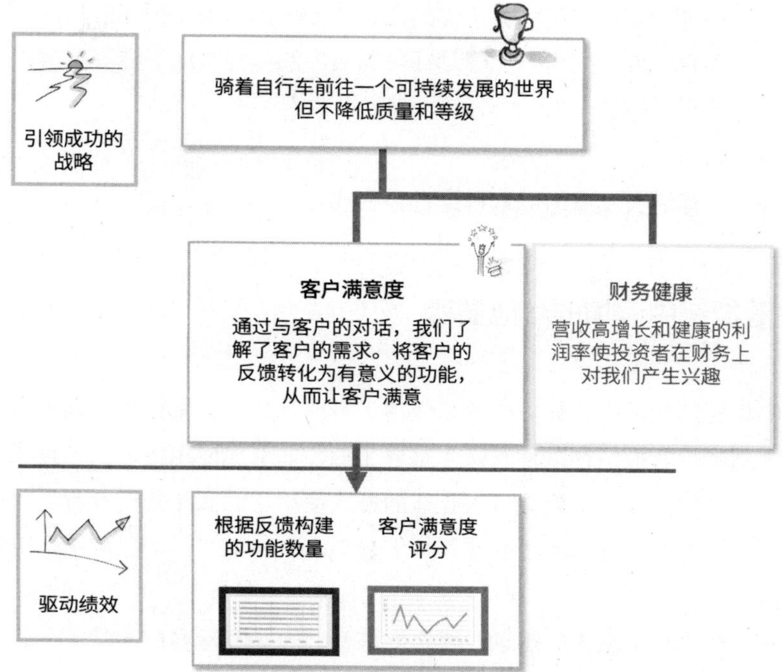

图 4-10　每种战略能力都有助于确定在驱动绩效看板中使用的潜在指标

- 在我们的网站上创建一个反馈功能，以便客户可以轻松地留下对产品的反馈。
- 在我们的产品组合中优先考虑以客户为导向的项目，这样就能提供他们真正想要的东西。

现在我们已经与团队构建了战略基础：

- 桌面上的目标提醒我们为什么要做这些事情。
- 战略能力或桌子的腿帮助我们理解我们必须做些什么才能实现这一目标并为其提供坚实的基础。

- 每种战略能力都代表了你的系统中的一个关键方面，应该加以探索、发现和学习。驱动绩效看板中的指标有助于提高这方面的可见性。

现在，你的大部屋的基本雏形已经形成。

可在看板一中添加的其他要素

根据团队的需要，你可能希望使用工具或其他信息来扩展基础内容。记住，大部屋行为模型在某种意义上是通用的，如果你使用特定的工具或方法来可视化你的战略，请以你认为合适的方式使用它们。让我们看看其他一些你可能想放在墙上的东西（并非详尽无遗）：

- **客户与干系人的需求。**客户的声音代表了实际客户的需求，需要理解并将其转化为我们的指导方针。任何团队和组织都拥有某种形式的客户，他们可能是产品或服务的使用者，或者是组织的干系人。在产品或服务对终端客户产生价值之前，由多个团队共同创建或交付产品或服务的一部分时，这些客户也可能是下游团队。在战略层面上，识别和理解客户的一般需求可能是相关且有用的，这可以通过创建人物角色来实现，这些角色代表了不同客户群体或干系人的需求和特征。
- **外部分析。**通过在大部屋中可视化和分享有关外部发展的信息，我们试图挑选出那些将会影响我们下个季度乃至下一年决策的重要方面。对此，一种实用的方法就是使用 PESTLE 分析法[①]。

① PESTLE 分析法，又叫大环境分析法。包括 6 个方面的因素，分别为 P（Political）政治，E（Economic）经济，S（Social）社会，T（Technological）技术，L（Legal）法律，E（Environmental）环境。意思是指在分析一个企业所处的外部环境的时候，通常是通过这 6 个因素来进行分析。

这可能会影响交付价值等区域的优先级排序，比如我们会选择优先考虑哪些项目，或者可能会影响我们的选择，比如只使用可回收材料进行包装而不是使用泡沫塑料。在展示外部环境发展情况时，团队应该分享和了解有关情况，并能够在下一阶段相应地调整其政策。

- **产品与服务概览。**在这一层面，我们试图识别客户和（或）干系人所认可的关键产品和（或）服务。识别它们有助于对这些产品进行定位并做出相应决策。很可能这些产品或服务中的每一个都是由数百个子产品或服务构建而成的，但这不是我们在此讨论的重点。

商业模型画布可以成为你在看板一中使用的有用工具，因为它涵盖了所有管理团队在共同管理组织时需要达成共识、保持一致的许多基础问题。

“引领成功的战略”看板的例行程序

通常，该看板的例行程序应该根据你查看战略大纲的需要来安排。你的年度外出会议可能是一个进行查看的理想时刻。它可以每年或每半年召开一次，也可以在发生了影响你战略决策的事情的时候召开，比如组织重组或新首席执行官上任时。

由于战略会议的性质通常是后退一步，将视角从日常运营转变为更大的图景和更宏大的前景，因此最好不要试图在两个小时的会议中完成关于这一看板的讨论。

相反，花点时间与你的团队一起刷新你们的目标并巩固你们的认知和洞察。花一两天来通览相关内容，让你所领导的团队成员、干系人甚至一些选定的客户都参与进来，这样你可以获得一些外部的见解和建议，并举办一个研讨会，让你们跳脱出日常琐事进行思考。

用会议议程、每个讨论事项的目标和时间盒准备你的会议，以便你的时间得到充分利用。战略是一个可以持续讨论的话题，为此你可以向引导师或教练寻求帮助，这样你就可以专注于会议内容。最后，确保你随时可以从大部屋中获得可用的关键信息。如果可能的话，在你的大部屋房间中召开会议，因为所有相关信息都已经在那里了。拍摄高清图片并将其投影在墙上通常可以帮助你的团队将空间记忆与大部屋墙上的内容联系起来，即使他们并不真的在房间里。

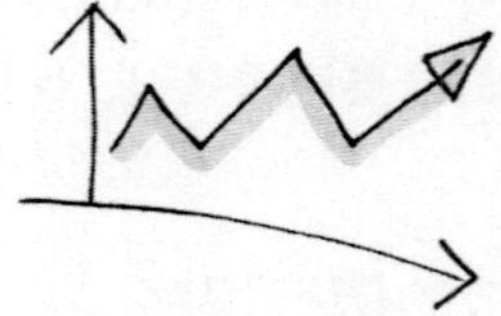

看板二：驱动绩效

只有当你知道组织想要达到什么目标、组织目前的状态时，才能驱动绩效。这就像开车一样，在不知道道路是否通畅以及你是否朝着正确的方向前进的情况下，把汽车的油门踏板踩到底是一种冒险行为，除非冒险本身就是你的目的。

在看板二中，我们将涵盖最重要的指标，以帮助你引导组织实现其目标。它可以被视为你组织的驾驶舱，在有挡风玻璃的情况下，你可以通过挡风玻璃看清前方的道路。因此，该看板的指标主要用于揭示系统实况，我们可以从中进行学习，这样可以识别出需要改进的领域并确定优先事项。

看板一确定的战略能力为看板二中创建指标提供了基本框架。我们必须创建这些指标，以了解在多大程度上能够执行战略并实现目标。到目前为止，所谓的“战略能力”还只是一些定性陈述。现在，我们将通过添加定义来探索它们的确切含义。例如，让我们衡量客户满意度到底意味着什么？我们该如何真正做到让客户满意呢？回答这些问题有助于使战略能力以更具体和更有意义的方式落地。

图 4-11 是“驱动绩效”看板的可视化组成要素。正如你所看到的，它与战略能力有着明显的联系。这种布局有助于可视化战略目标（战略能力）、组织目前的状态（成果指标[①]）以及哪些方面会影响该结果（状态指标[②]）。此外，我们应用颜色编码来帮助团队暴露他们需要响应的问题。

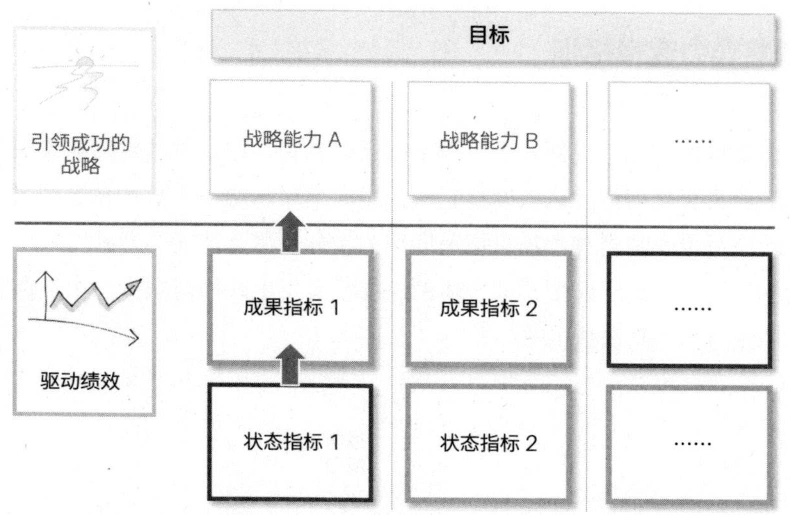

图 4-11　“驱动绩效”看板的可视化组成要素

注：图中“驱动绩效”部分黑框代表行动，灰框代表在理想范围内

① 英文是 outcome metrics，衡量战略能力或目标的结果。可以使用一个或多个状态指标来度量。

② 英文是 condition metrics，衡量影响组织战略能力表现的关键因素。更关注达成成果所需的内部条件。

什么是绩效

本质上，绩效能够帮助我们了解组织当前的成就与我们设定的目标或愿景之间的差距。在大部屋中，我们根据战略能力来审视绩效。通过投资我们的战略能力，能够结构性地提高组织实现其战略目标的能力。

驱动绩效意味着我们能够在“交付价值”看板更好地提供产品或服务。那它们之间到底有什么关系？例如，在“交付价值”看板，我们可以规划自行车的交付工作。在“驱动绩效”看板，我们会看看是否有足够的资金、具备专业知识的工作人员以及原材料来生产该自行车。它还可以向我们展示生产线的质量、速度和产能。

为战略能力选择指标

在某种程度上，我们几乎可以度量任何事物，但这种度量的相关性和有用程度取决于我们为什么要度量它。只是简单地确定一个数字并立即采取行动，就像蒙着眼睛驾驶汽车只把速度作为指标。尽管速度是驾驶时的一个重要指标，它可以用于匹配其他车辆的速度或者发生碰撞时减少冲击，但它不是我们到达目的地所需的唯一指标（见图 4-12）。

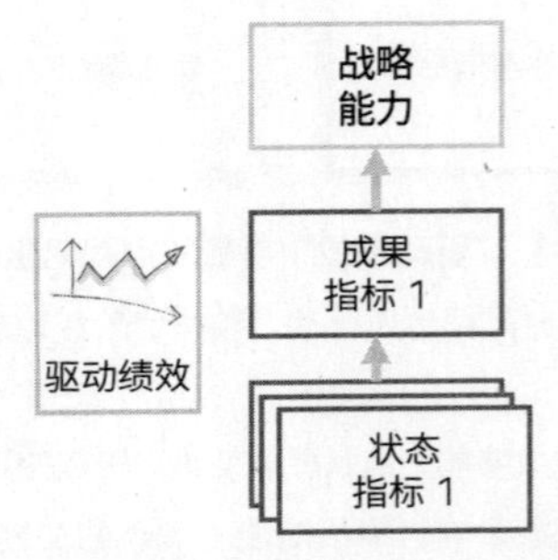

图 4-12 结果由各种支持条件共同构成

成果指标

现在，我们已经为每种战略能力进行了定性陈述，这将有助于实现我们的目标，下一步是衡量组织能否真正提高与该战略能力相关的绩效。衡量的方法就是成果指标。成果指标是我们做事方式的结果，并为我们提供了在某个主题上的绩效指示。

顾名思义，成果指标展示了某件事情的成果或结果。这个结果是基于我们称为状态指标的多个方面的综合。例如，自行车工厂每月的总成本包括租金、水电费、清洁和维护成本。我们可以度量所有这些组成部分，这些部分的总和构成了成果指标。它们共同组成了自行车工厂的总成本。

如果你使用的是 OKR，那么成果指标是置于战略能力之下的，既可以设置你的目标（通过设置一个度量标准并在特定时间内达到这个标准），也可以衡量你的关键结果。这些指标对于理解我们当前所处的位置以及如何实现既定目标至关重要。

在讨论与财务相关的战略能力时，一个相对简单的衡量指标就是利润。利润可以用一种非常简单的公式度量：利润 =（销售量 × 商业价格 − 总支出）。在这种情况下，利润是衡量战略能力的成果指标，它取决于以下几个构成指标：

- 销售量；
- 商业价格；
- 总支出。

成果指标通常与以下 3 个主题相关：

- 质量（更好的自行车，第一次就成功）；
- 成本（更低的生产成本，更高的利润率）；
- 交付（快速上市，过程中无浪费）。

状态指标

在研究如何减少开支的过程中，对系统进行更深入的挖掘是很有必要的。自行车工厂的管理团队希望在相同的人力成本下制造更多的自行车来降低成本。这就是我们开始在系统中更深入、更具操作性的流程层面查看指标的地方。每个流程都由投入和一组活动组成，这些活动又为产出贡献价值（见图 4-13）。

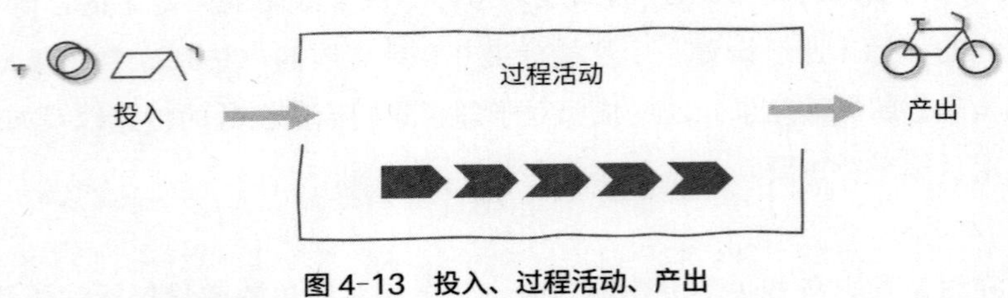

图 4-13　投入、过程活动、产出

执行此过程的方式会影响一种或多种战略能力的结果。例如，自行车制造过程的持续时间会影响我们用一条生产线能制造多少辆自行车。如果我们每天支付 100 欧元来运行生产线，但可以以某种方式生产 20 辆自行车而不是 10 辆，结果就是我们能够在这方面将每辆自行车的成本降低 50%。

因此，状态指标告诉了我们一些关于当前结果的生效条件，或者我们正在获得的战略能力的结果。如果我们试图创造合适的条件来降低自行车的费用，那么状态指标是我们必须调查的对象，这样我们才能知道更多关于这些条件的信息。一旦我们了解了此流程的工作原理，我们就可以对其进行有针对性的变革，从而改善生产条件并在降低费用方面取得更好的结果。

在这种情况下，成果（利润）和基础条件（销售量、商业价格和总支出）之间存在着直接关系。自行车工厂的管理团队希望拥有高利润率，这样他们对投资者才更具吸引力。所以，他们现在可以转动 3 个旋钮以增加利润，即增加销售额、提高商业价格或降低支出。

前置或滞后指标

成果指标通常被视为滞后指标。它是其他事情的结果，是过程中早期发生的事情或事件的结果。如果能够识别这些东西，我们就可以将它们视为旋钮，转动它们以改变某种结果，例如成本、交付时间或质量。这些旋钮可以称为前置指标。

在上面的示例中，成果指标是利润，销售额是前置指标。如果转动一个旋钮来提高销售量，总利润可能就会上升。为了做到这一点，我们应该投资于营销之类的事情。我们应该谨慎地假设一个指标是如何影响另一个指标的。我们认为提高销售量会带来更大的利润，但它也可能影响系统的其他部分，比如营销成本可能会上升，或者为了满足需求，出现质量问题进而导致产品的负面口碑。最终，它也会以负面方式间接影响总费用。这就是为什么我们在测试假定和假设时，应该仔细监测系统中的运动（见图 4-14）。

确定绩效阈值或目标

一旦选择好了指标，我们就会发现该特定指标所关联的行为。经过几次度量后，我们就会逐渐看到相关行为或表现所蕴含的模式。这个模式可能是静态的，或者不太稳定，但无论如何，它能告诉我们有关当前绩效的一些信息。有时这些信息被称为基线。

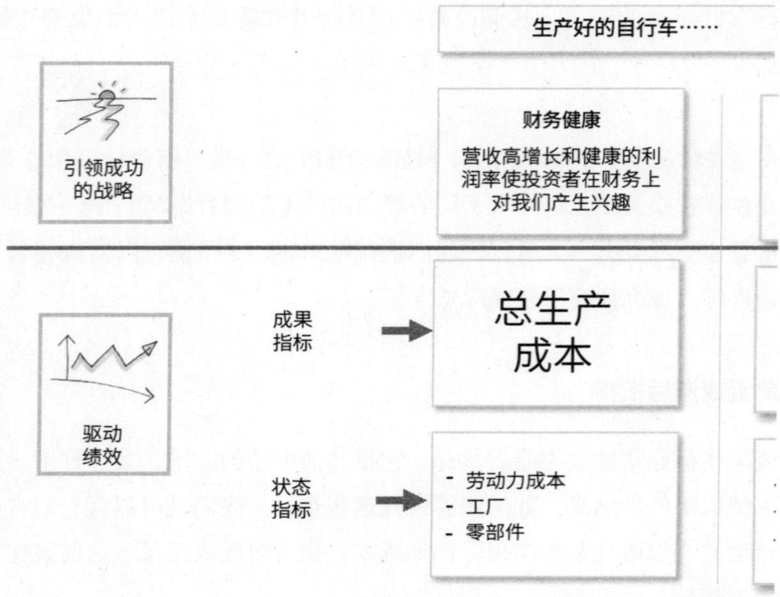

图 4-14 影响总生产成本的状态指标

我们可以使用基线数据来了解指标体现出的行为，但这并不能帮助我们提高绩效。为此，我们需要设置一个阈值来指示期望的绩效水平。通过这种方式，我们基本上确定了该指标的质量特征。如果不能确定绩效阈值，例如，“如果它在阈值范围内运转，我们对它在这个时间点的绩效就会感到满意”，将意味着很难就问题是什么达成共识。在正确的层面确定阈值将有助于团队：

- 立即发现问题（无论何时突破阈值，指标都会变成红色）。
- 平衡优先级（将阈值设置为可接受的水平意味着有时我们需要接受某些指标的较差绩效从而使其呈现绿色，以便我们可以专注于其他更重要的指标）。

通过指标级别进行逐级分解呈现

由于战略能力是定性陈述，其措辞由团队专门选择，因此对于其他团队来说，它们在很大程度上都是独一无二的。战略能力决定了指标，因此并没有一组标准指标应该始终在“驱动绩效”看板中使用。

下面是自行车工厂每个级别的指标可能的呈现示例，其中包含了从战略能力（顶部）到车间测试一辆自行车需要多少分钟这样的指标（见图 4-15）。

在图 4-15 中，你首先看到的是由董事会建立的战略能力。在他们的大部屋会议中，他们发现自行车的利润没有达到期望的水平。为了理解并解决问题，生产部门负责人能够在她的大部屋中提供更多细节，在那里监控生产成本。

生产成本主要来自人工成本。为了理解为什么这方面的成本如此之高，生产部门负责人必须深入车间一线，以了解生产每辆自行车所花费的时间。检视这一过程将揭示绩效的改进空间。

这是自行车工厂示例中指标级联的一个简化示例。图中的关键点是了解董事会讨论的利润率最终是如何与工程师完成自行车组装活动联系在一起的。

回到 OKR，我们看到成果指标是可视化目标（O）和关键结果（KR）的合适度量方式。但是，OKR 与大部屋一样，在整个组织中都是以级联系统工作。这实际上意味着，当我们将注意力转移到生产一线和状态指标上时，该层级上的一个新的潜在的 OKR 就会暴露出来。

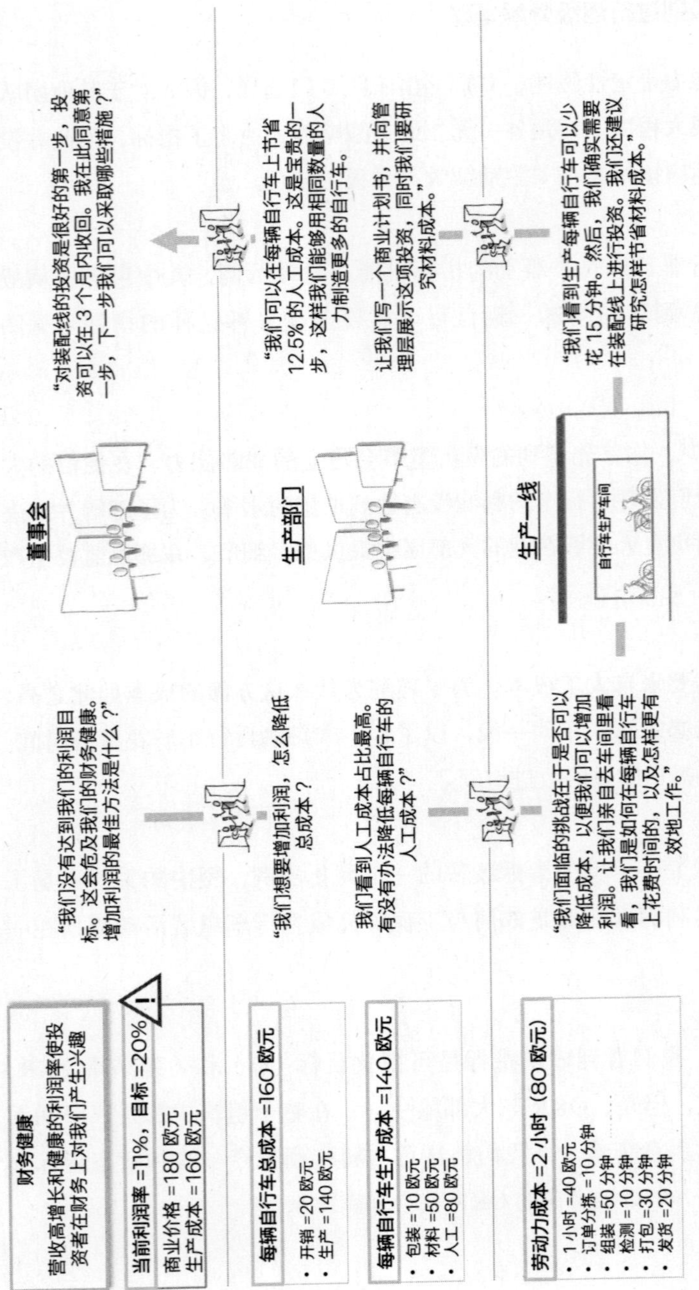

图 4-15 从战略能力到车间操作的逐级分解

每个支持指标都会揭示一个潜在的新 OKR。例如，降低自行车生产过程中的费用可能是适合生产工程师团队负责人的 OKR。然后，他或她可以据此为每个团队成员和生产流程中的每个方面创建另一个 OKR。

可视化指标

指标为我们的系统提供了线索，帮助我们识别什么重要、哪里可以改进以及可能遇到的问题。为此，指标应该是可沟通的、团队（和干系人）易于解释的、可以提供洞察的以及可以从中学习的，最重要的是，可以引导团队采取行动或做出决策。如果你的指标确实存在，但它从未催生任何进一步发展、决策制定或学习活动，那么该指标的附加值又是什么呢？

采用可视化指标可以大大提高团队解释该指标的质量。以下是一些有助于创建良好可视化指标的建议。一个好的可视化指标包括如下特性：

- 清晰可见并使用颜色区分。
- 为管理层提供一个向上或向下的相关信息。
- 显示“正常”操作的边界（最小和 / 或最大标记线），或者在指标变红之前留出允许操作的空间。
- 规定何种情况下（如指标变为红色）应该讨论它的规则，并明确何时进行讨论。
- 显示历史数据以识别趋势和模式。
- 通过一键操作来尽可能多地自动生成数据和图表。
- 在共享介质上以数字方式提供，并且在大部屋中始终可见。
- 标示代表和（或）创建该指标的人员姓名。

可视化工具在大部屋中的应用

关于统计学，世界上有很多这方面的著作。任何管理者都应具备基础教育和统计工作的专业知识。在大部屋的背景下，我们将对其作一些基本的介绍。

为了帮助你入门，这里有一些可能对大部屋有用的工具，你可以使用它们来理解和展示你的系统、确定当前状况并设置目标状态（见表 4-1）。

表 4-1 可以在大部屋中使用的可视化工具

图示	说明
折线图	折线图或趋势图非常直观且常用。在时间轴上绘制数值，可以揭示某个趋势，例如过程的产出。可以用它识别过程的行为并设定其性能基线。就其本身而言，它不能提供足够的信息来确定后续行动的负责人或底层的问题究竟出在哪里
控制图	控制图最初由休哈特开发，用于监控过程性能的正常边界并识别异常。一旦我们设定了指标基线并且知道其正常的运行模式，我们就可以设置边界，以判断过程是否在商定的限制范围内运行。如果它超过这些限制，则会显示异常，这可能就是存在问题的迹象
直方图	通过分析直方图时间轴上的事件，我们能够发现模式和异常值。如果用它来设置绩效的永久基线，则可以在“驱动绩效”看板中使用，或者可以临时使用它来暴露“解决问题”看板中的问题

续表

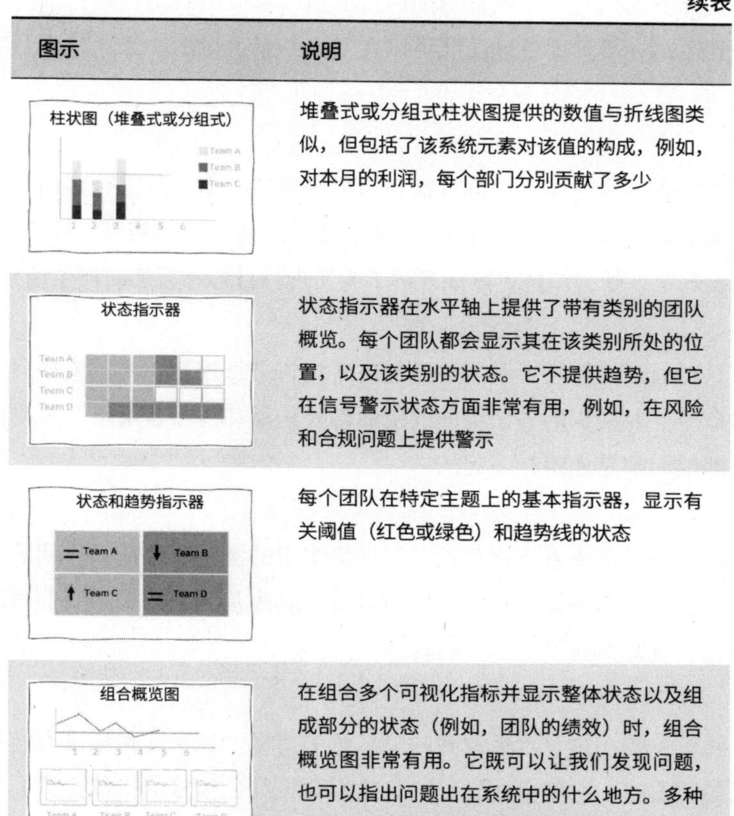

图示	说明
柱状图（堆叠式或分组式）	堆叠式或分组式柱状图提供的数值与折线图类似，但包括了该系统元素对该值的构成，例如，对本月的利润，每个部门分别贡献了多少
状态指示器	状态指示器在水平轴上提供了带有类别的团队概览。每个团队都会显示其在该类别所处的位置，以及该类别的状态。它不提供趋势，但它在信号警示状态方面非常有用，例如，在风险和合规问题上提供警示
状态和趋势指示器	每个团队在特定主题上的基本指示器，显示有关阈值（红色或绿色）和趋势线的状态
组合概览图	在组合多个可视化指标并显示整体状态以及组成部分的状态（例如，团队的绩效）时，组合概览图非常有用。它既可以让我们发现问题，也可以指出问题出在系统中的什么地方。多种类型的图形和图表可以像左图这样组合使用

选择正确的指标是学习和改进过程的一部分

对于管理团队来说，驱动绩效意味着与他们的团队一起深入参与将战略能力转化为指标和改进举措。通过此过程创建的视觉环境应该是对产生绩效的系统进行持续探索的结果。在“引领成功的战略”看板，我们揭示了系统的战略能力，现在我们将学习如何影响它们，以便可以提高整个系统的绩效。这样做的同时，我们在短期内也能做出重要的决定。到目前为止，我们已经到了这一步，即管理团队可以在每周一早上做出决策，从而开展有意义的工作。

在探索的每一步，管理者都在与系统中的工作人员进行对话，并发现新的事实、信息和知识。随着这一过程的继续，责任变得清晰，绩效变得可见，最重要的是，管理团队更好地理解了为实现总目标和目的而产生结果的系统。

这种对话使管理者不需要通过查看报告进行控制，可以直接向运营团队发出命令。对组织的各个层面的指标的评估是“连接各层级”原则的一个例子，即他们都是连接在一起的。

在系统层面查看指标有助于识别组织中的潜在瓶颈或其他问题。我们在此看板中找到的指标可能会引发项目改进或改善套路，例如我们可以在“解决问题”看板中找到的那些内容。

我们希望在这个看板看到的是红色的指标。当某些指标没有达到我们可接受的阈值时，它就会变红。一旦我们觉得红色信号的指标太少，我们就应该考虑提高我们认为在那个时间点很重要的指标的度量标准。为什么呢？这意味着我们实际上正在提高整个组织的标准，并试图将我们所做的事情做得更好。

一旦你到达了需要提高指标阈值和提高团队标准的阶段，你就会意识到，你刚刚迈出了从救火模式转变为持续改进的第一步，这也是非常重要的一步！

但请记住，我们不是在做目标管理。当站在“驱动绩效”看板前，我们应该始终牢记的最重要的事情是，它不是一种引领我们创造成果的手段，而

是一种暴露系统问题并通过学习和改进以取得更好结果的手段。红色指示器不是要准备惩罚某人的触发器，而是学习和提高的机会。

当我们开始因红色信号而惩罚某人之时，就是改进信号即将开始消失的那一刻，而底层系统的问题仍然存在。追求结果而不是专注于创建一个有效的组织系统，这意味着我们是在做目标管理，正如我们在第 1 章中所看到的那样，这不太可能让你获得持久的结果。

使用和沟通指标要谨慎

> 第一条经验法则是对所有数据持怀疑态度。
>
> ——石川馨

早在 20 世纪 50 年代，人们就警告说，如果将指标当作提高绩效的工具，可能导致只追求这些指标的产出，而不是追求积极的业务成果。正如我们在本书第 1 章中所讲到的，复杂系统应该作为一个整体而得到重视，所以我们不能仅仅根据一两个指标就假装能理解和管理我们的组织。

指标往往会引导行为，这就是人们倾向于使用德鲁克的目标管理法的不足之处，即它导致了钻系统空子以获得更高的 KPI 分数。但是，如果 KPI 不支持系统的更大目标，那么你只是在优化自己的部分，这与我们在大部屋中试图做的事情（系统思维和级联拆解，以确保整个组织系统变得更加有效）背道而驰。

但是，我们应该注意还存在其他的指标陷阱，其中之一就是偏见。过度简化数字和数值，在没有证据的地方寻找证据以及概率谬误，这是第 1 章中讨论过的几个偏见，这些偏见在这一区域却产生了重大的影响。

在《精益创业》(*The Lean Startup*)一书中，埃里克·莱斯(Eric Ries)提出了“虚荣指标”，这些指标让你在重要时刻感觉良好(或糟糕)，但并没有真正告诉你作为一个组织应该如何行动。例如，一个 App 注册用户的数量可能超过了一百万，但如果只有一百个活跃用户，那这个 App 就一文不值了。

使用和沟通指标时要谨慎。诚实地说明你学习和改进的意图，而不是使用指标进行个人评估。此外，始终尊重这样一个事实，即指标是现实的反映，它不是现实本身，而这种反映可能会被扭曲。

图 4-16 是“驱动绩效”看板的会议例行程序。

看板三：交付价值

向我们的客户和干系人交付价值是实现目标的关键，甚至可能是我们继续生存的关键。对于管理层来说，确保运营团队能够为我们想要提供价值的人交付价值是一项基本任务。这就是为什么必须首先了解我们打算交付的价值以及如何交付。

对于自行车工厂的示例来说，我们确定的两个团队所交付的价值是由两部分组成的：一个团队在车间一线交付实际的自行车，而另一个团队坐在办公室里开发新的、很酷的功能，供客户在网站或 App 上使用。

频率：　每周二召开
时间：　13:00 ～ 14:30
参会人：　管理团队

目标

检查我们是否达到了期望的绩效水平。如果需要，我们可以提升到新的绩效水平，决定后续的优先事项以及识别潜在问题并加以解决。

我们一起洞察现状、学习新知识并采取行动，但我们讨论具体内容不会超过 5 分钟。

签到

- 所有人都来了吗？手机关机了吗？开始之前还有其他需要了解的事情吗？
- 关于本次会议我们已同意做哪些改进？

每种战略能力的单独时间盒

问题与挑战

- 哪些问题正阻碍我们实现期望的绩效水平？
- 我们必须做些什么事情以结构化地解决这些问题？
- 我们有足够的能力来解决这些现有问题吗？

研究所得和背景信息

- 上次会议以来我们有什么新的收获？（例如，从“解决问题”看板里的那些试验措施里有什么发现）
- 有什么相关的背景信息需要分享给团队的？

结束会议

- 任何内容的后续跟进讨论安排。
- 总结各自的行动和决定，确保展示在墙上的信息板里。
- 与其他团队和个人沟通相关信息。
- 我们遵从会议要求了吗？我们的会议有效吗？

图 4-16　“驱动绩效”会议的例行程序

但是，这些团队如何确保他们提供的价值与他们投入的时间和金钱相比最大化呢？他们如何确保如果一个团队开始生产新的自行车，另一个团队将在网站上及时提供，以便客户预订？我们不能同时完成所有工作，因此必须做出选择。

对于任何处于领导地位的人来说，一项关键任务就是在价值交付方面做出选择。这通常被称为投资组合管理的实践，定义为：你选择利用有限的资源为（下游）客户和你的战略能力获得最大价值。这是每个管理者都必须掌握的一种实践。围绕这一主题，众多书籍和课程被开发出来了，大学里也有这个课程，在组织中，整个部门都可能被指派负责这项工作，它有时也体现在敏捷运动中的投资组合经理或产品负责人的角色中。在本书中，我们将简单地了解它与“交付价值”看板的关系。从本质上讲，这一看板有如图 4-17 所示的两种类型的活动。

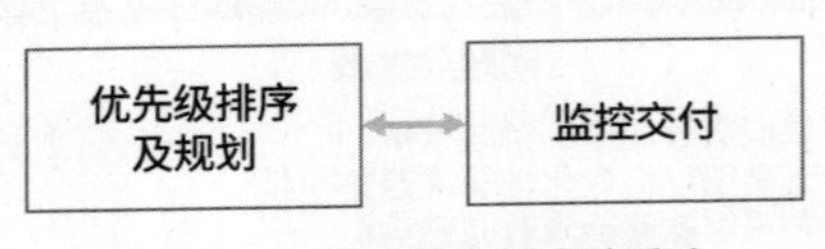

图 4-17 交付价值的两种活动

以下组成要素有助于我们清晰地看到为了交付价值而正在进行的工作，以及对交付价值过程中问题的识别（见图 4-18）。

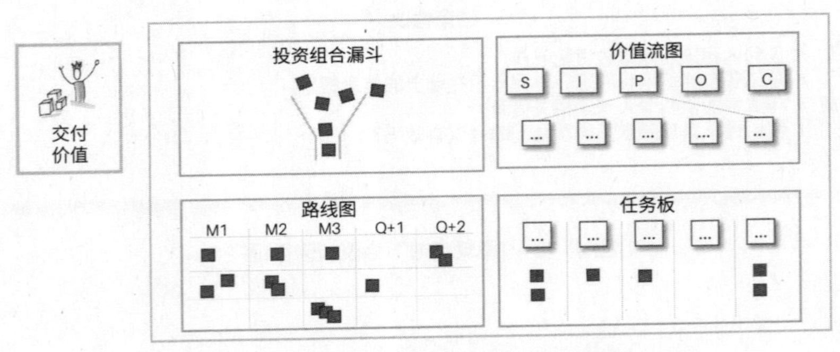

图 4-18 “交付价值”看板的潜在组成要素

什么是价值

价值的交付涉及我们如何利用时间和资源，为客户和组织创造最大价值。从这个角度来看，有两种方法可以查看要交付的价值：

- 为我们的外部客户或下游客户[①]提供的实际产品或服务，以及我们在这些产品和服务的生命周期[②]中采取的行动步骤。在自行车工厂示例中，这意味着价值的交付既包括创建新生产线以便我们可以生产最新型号的自行车，也涵盖如何制造真正的自行车并将其交付给客户。有些产品是可以重复生产的（总是以可预测的方式生产的相同的预定义产品），而另一些产品则是定制的，比如在我们的网站上创建新的独特的功能，例如订购过程中的颜色选择工具。
- 我们推出的变革举措是战略选择的结果。然后，这些举措有望为我们组织的一种或多种战略能力做出贡献。这些举措可以通过项目或计划来实施。例如：为节省成本而进行的重组，为提高质量和文化变革而进行的精益或敏捷转型，为聚焦核心竞争力而进行的外包，由立法变化而驱动的项目等。每一项变革举措的成果都应该能够提高本组织实现其战略目标的能力。

让我们通过自行车工厂的示例使上述阐述更加具体一些（见表 4-2）。

---

① 下游客户可以是组织内的另一个团队或部门，在他们最终将产品或服务交付给组织外部的实际客户使用之前，你要向其交付（部分）服务或产品。

② 典型的生命周期包括以下阶段：定义、设计、开发或实施、使用或交付，然后处置、回收或正式停止使用，或回到下一个产品或服务（迭代更新）的定义。

表 4-2 产品和服务之间的区别

产品	服务
工厂生产的自行车 	客户可订购自行车的网站 
产品生命周期 单辆自行车由客户订购、生产、交付、使用并在磨损后收集和回收 **生产生命周期** 在将自行车作为产品进行设计之后，我们设定了生产工序、机械设备、供应商产品等，然后自行车将被组装并准备交付给客户	**服务生命周期** 我们可以在网站上增加一种新功能，允许客户选择某种颜色的自行车。此功能将被设计、开发和测试，然后在我们的网站上应用
变革举措示例 A 我们决定将“未来的自行车”添加到我们的产品组合中，这要求我们创建新的装配线，对我们的网站进行更新，与提供电池和电动发动机的新供应商签订合同，并培训我们的员工掌握新技术。战略能力的影响应该是我们通过这种独特的产品吸引更多的客户并实现更高的利润率。我们打算从现在起一年内完成这些活动	**变革举措示例 B** 我们决定将运行我们网站服务器的 IT 基础架构部门交给外包公司管理。这个项目需要 8 个月才能完成，我们需要进行招标，改变我们的流程，培训供应商中具有管理能力的人员，并对我们的网站进行更新。战略能力的影响应该是我们网站的正常运行时间（服务质量）更长和维护成本更低

使用可行性矩阵创建优先级的背景信息

你可以在大部屋中使用可行性矩阵，以便在你的团队中讨论哪些事情是重要的，哪些是不重要的。这没有什么科学依据，但它是你与团队共享背景信息和定位变革举措的绝佳工具。这个观念是根据这些举措对战略能力或更高层次的战略选择的价值来评估这些举措。价值评估既取决于对战略能力的积极影响（如提高客户满意度），也取决于延迟成本或紧迫性，如法律合规问题（如果我们在 1 月 1 日之前不遵守新法规可能会面临处罚），或者新产品延迟推出就意味着收入的延迟（见图 4-19）。

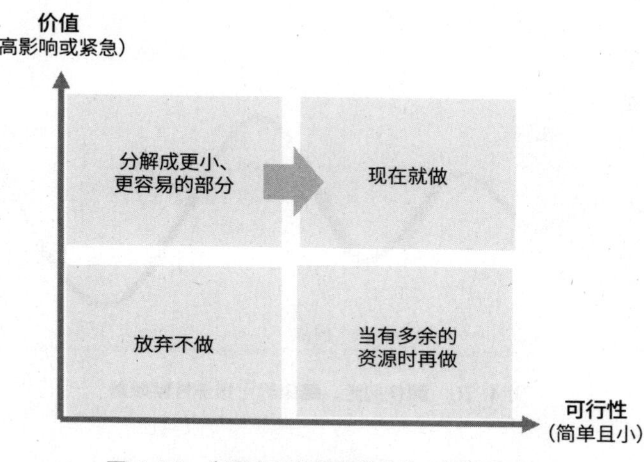

图 4-19　为要交付的价值排序的可行性矩阵

最简单的方法是对每个举措使用便笺，并将其放到一个列表中，然后使用该列表为下一阶段规划好优先级。一个重要的方面是确保将变革举措分解成足够可行的部分，避免创建“油轮”项目，因为在那样的项目中，我们会失去所有的敏捷性和学习意识。

毋庸置疑，此项活动应该在客户和干系人的正确理解或更好的参与下进行，以此来为你的团队提供高质量的背景信息，避免假设并利用所有相关信息来做出与价值相关的选择。

产品负责人可以将可行性列表的结果放到他们的产品待办列表中，项目经理可以在下一个迭代或项目阶段中涵盖它。如果我们一起做这件事，那么我们会齐头并进，从而增加我们的影响力。

规划本质上是一种意图，即以一种提供最大价值的方式展开一系列活动。我们基于对未来的假设和实现某些业务成果所需工作的假设而开展此项工作。但事实是，我们永远不知道明天会发生什么。只要我们牢记这一点，一切都会好起来的（见图 4-20）。

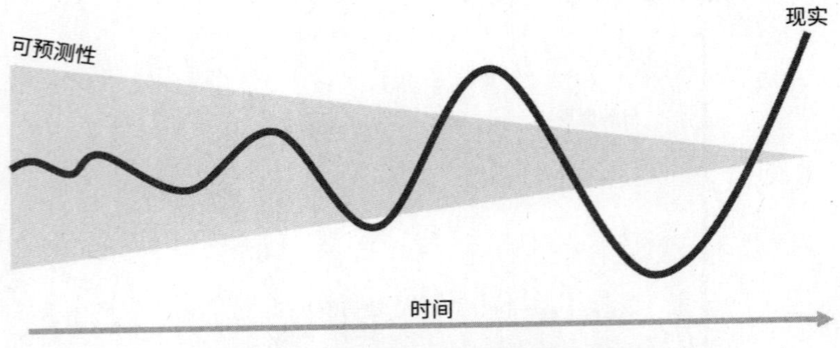

图 4-20 越往前走，结果的可预测性就越差

使用高级别的路线图规划价值交付

规划的一种形式是为我们即将要实施的变革举措创建一个高级别的路线图，我们相信这将引领我们走上荣耀之路。它通常是明年或数年的工作总览。路线图不应被视为未来真相的详细计划。它应该被视为一种与我们的团队和干系人分享背景信息的沟通手段，沟通他们可以在哪些事情上付出努力，并选择如何将他们的努力结合起来以获得最大的成果。这提高了各方活动的一致性，避免人们在不同的优先事项上花费时间，避免以后他们发现他们并没有协调一致甚至是事与愿违。

在路线图的背景下，我们解释了所做的选择，包括采取哪些方式以及实现目标的顺序。路线图由与团队相关的里程碑组成，这些里程碑代表了战略能力或产品和服务的预期成就。

路线图上的项目通常是高级别的，没有详细计划。未来越远，我们花在详细规划上的时间应该越少。当依赖性较少时，敏捷规划就很好，路线图永远不应该违背敏捷规划原则。但有些团队必须处理具有固定属性的实际情况，例如在特定日期的营销活动或对某些立法实施的日期的遵循。因此，路线图是与内部和外部干系人沟通组织打算开展的工作的重要且有用的手段。

使用投资组合漏斗限制工作量

一旦规划中的活动被安排在不久的将来，我们就不得不开始选择如何使用有限的资源。因此，最好将要完成的工作细化到一个可以被放入大小适当的空间块中的水平，以便为实际执行工作的运营团队腾出时间。这使管理团队能够与运营团队进行对话，从而进入下一个工作阶段。

一旦该过程准备就绪，我们最终会形成一个在下一阶段将花费时间的活动以及所有这些活动是如何整合起来的概览。这应该是在部门内外提供价值的最佳方式。

投资组合漏斗的概念用于限制正在进行的工作量，从有很多想法开始，然后在每个阶段细化为真正能够为组织、客户和战略目标增加价值的较小选择。这种做法的挑战在于，很难在成本、收益、交货时间和工作量方面对想法进行比较和估算。

因此，使用可行性矩阵作为起点，提炼工作清单并挑选出潜在可行和有价值的项目，并以类似看板的方式限制投资组合漏斗的每个阶段正在进行的工作，是一种简单而有效的工作优先级排序方法（见图 4-21）。

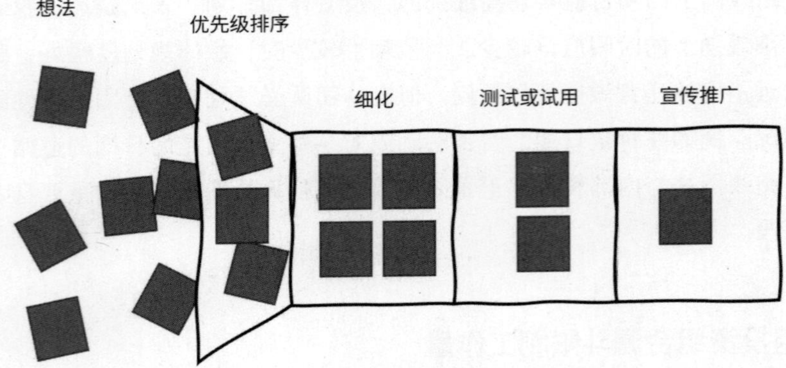

图 4-21 投资组合漏斗的基本示例

处理依赖关系

为了通过产能规划就优先事项做出明智的决策，我们必须从更广泛的视角来理解关键依赖在哪里。最小化依赖关系要采取的第一步是确保团队的组成是多学科复合型的，并且对其（部分）产品具有很大的自主权。其次，我们希望最大限度地减少在大部屋中显示的依赖关系的数量。为什么呢？因为管理依赖关系本身就不是一项增值任务。可视化和记录许多依赖项不可避免地会导致浪费时间。

运营团队和诸如架构师等角色的人员需要识别团队外部的依赖关系，并确保在规划方面与其他团队保持一致。管理依赖项的主要角色应与运营团队一起工作。一旦涉及对跨团队依赖关系做出更具战略性的决策，管理团队应该在与运营团队的密切接触中促成这种对话。该对话中出现的依赖关系与涉及多个内部和可能的外部团队的更大背景中的战略相关。这是你唯一想要在大部屋中可视化的依赖关系，即当发生变化或出现问题时，团队实际上会做出决定或采取行动。简单地管理所有已知的依赖关系而不积极地采取行动是浪费时间。

里程碑卡片

在大部屋中，所有看板都是相互关联的。因此，里程碑应包含与其战略价值及其对“驱动绩效”看板的影响相关的信息，以及与价值交付相关的其他一些信息。每个组织都有自己的事务规划方式，并且可能在实际应用中会希望更改措辞或添加和删除某些字段（见图 4-22）。

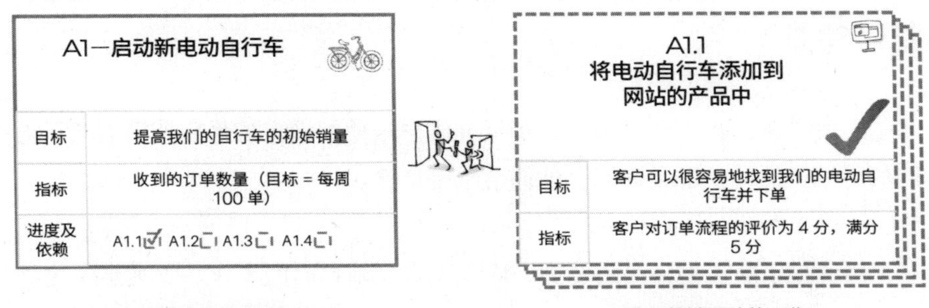

图 4-22　两个抽象级别的里程碑卡片

大部屋的深度思考
LEADING WITH OBEYA

当团队第一次竖起投资组合墙时，请思考：

1. 是否存在多个项目被标记为最高优先级项目？（只能有一个！否则它应该被称为分组，而不是优先级）
2. 当前列出的项目是否真的包括所有活跃的项目？
3. 一个项目、一个变更或一个小型项目的定义是否明确？
4. 墙上是否只是信息的堆积，看起来结构不佳（列有超过 100 个项目）？
5. 所有项目的管理是否看起来非常复杂？（管理方式相同，错综复杂的依赖关系）

价值流管理

通过你的交付渠道获取价值

一旦我们承诺投入资源并估算了要完成的工作量，就可以开始执行了。团队会根据经验估计他们的可用产能，例如，在下一阶段，我们在相同条件下能够生产多少辆自行车？或者，为网站开发这种规模和复杂性的功能通常需要多长时间？

一般来说，当团队被迫因管理层或客户给他们设定的最后期限而耗尽他们的可用产能时，毫无疑问，他们会走得更慢。

团队最了解他们自己的能力，应该负责规划自己的工作。管理层不应该只为团队安排工作，也应该为团队提供战略指导，帮助团队转化干系人的需求，并支持团队有效地规划和执行他们的工作。

识别你的价值流

交付产品或服务的过程被称为价值流。要理解这一价值创造过程的工作原理，请参阅价值流图。它是一种用于检查和调查流程以改进流程的工具。但它始于组织中管理团队负责的关键流程的暴露。

价值流图为团队提供了背景信息：我们的流程如何运作？它还会识别问题并为流程设置改进后的目标状态。其目的是改善价值创造过程中的交付时间、质量和成本。

与团队一起进行价值流图的绘制和相关改进工作以获得人们日常工作的必要环境是至关重要的（见图 4-23）。

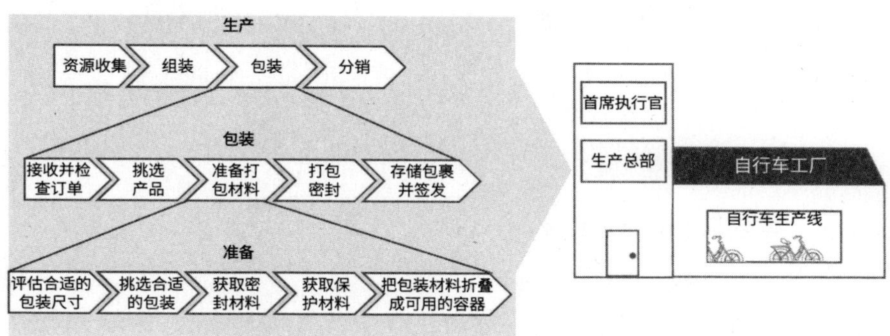

图 4-23　组织 3 个层级的价值流示例

价值流本质上是抽象水平上的一系列活动，这些活动共同为（下游）客户创造价值。对于管理者来说，理解价值流是有价值的，因为它的设计方式决定了其在实践中的执行基线。如果我们看到执行与设计之间有偏差，那么它就会暴露出问题，要么是设计问题，要么是执行能力有问题。此外，它还将帮助管理者将问题隔离到价值流的特定部分，因为价值流的每个步骤的执行都会影响质量、成本或交付等战略能力。

让我们看一下自行车工厂的示例，其中展示了包装的价值流（见图 4-24）。

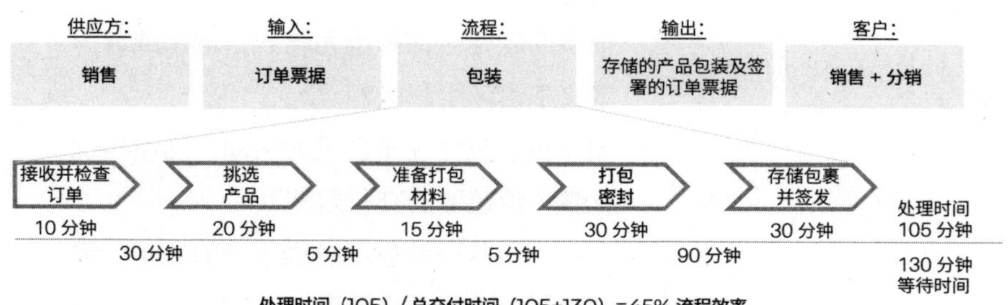

图 4-24　使用价值流图分析流程绩效

从这个示例中，我们可以得出有关流程的信息，包括输入、输出、客户、交付时间以及步骤之间涉及的等待时间。我们可以将其与绩效相关的信息结合：

- 处理的包装数量；
- 导致延迟的包装数量；
- 包装错误时的返工次数；
- 与包装相关的客户投诉数量；
- 以及其他信息。

通过提供价值流图和相关数据，我们将能够让管理层和工作一线的代表参与进来，分享背景信息并逐步调查我们可以在这个流程中发现什么样的潜在问题并开始解决它们。这比盲目地对流程、相关问题进行故障排除并希望获得更好的结果要有效得多。

大部屋的深度思考

LEADING WITH OBEYA

价值流图能很容易地暴露关键流程中的浪费，为了制作有效的价值流图，你需要思考以下问题：

1. **人们是否对流程的实际运作方式有不同的看法?**
2. **很多问题是否都是因为输入、输出或客户定义不清晰引起的?**
3. **团队是否只专注于自己的活动，而不是优化整个价值流的交付周期?**
4. **如果你没有长期采用持续改进的方法，你的流程效率是否会低于 10%？**

“交付价值”会议的例行程序

罗伊正在为自行车工厂的第一次交付价值会议做准备。他是团队的新手，高级经理要求他适当地说明他的团队在搭建新产品平台的方面所起的作用。

为了在下一次投资组合会议中给人留下好印象，罗伊决定与引导者聊聊对会议的期望。引导者解释了会议的例行程序和最近讨论的主题。他还提出使用投资组合墙上卡片的模板，并将它们放在正确的位置上。然后，罗伊找到了他的团队领导，讨论他们正在为共享平台开发的关键功能及其状态，同时用便签在白板上绘制出了大纲。

团队领导给他指出了几个关键点，表明他们正在按预期进行，并帮助罗伊系统梳理了自上次投资组合会议以来的显著事件以及下周的重要事件。然后，其中一位团队领导提出了一个问题。他的团队中的一些人仍然无法访问他们需要工作的系统。他表示这个问题已经几周了，还未得到解决，如果下周还没有得到解决，其中一个关键功能将出现延期。

由于这些功能现在在交付范围内，因此另一个团队的负责人表示，如果第一个功能延期交付，那么他们团队的一个功能也将被推迟交付，这样对客户和潜在的业务成果将产生重大影响。

罗伊在白板上标记了系统访问相关功能的问题后，拍摄了白板的快照。然后，他回到引导者那里，确保上层面板上的功能处在正确的位置，并且他的团队领导的问题也能够清晰可见。引导者帮他在特定功能上放置了一个危险警示磁铁，并建议罗伊为第二天将要进行的高管投资组合会议准备一个“障碍”模板。

当罗伊填写“障碍”模板时，他意识到他忘记了询问问题的根本原因以及他的团队领导想要如何解决这个问题。当天工作结束时，罗伊与团队领导讨论了如何解决问题的内容后，他觉得自己已经为第二天早上的投资组合会议做好了充分准备。

第二天，随着会议的开始，罗伊是第一个解决障碍的人。他向董事会指出了白板上所列的问题，解释了问题之所在，同时简要描述了这个问题对交付计划的潜在影响，强调了解决的紧迫性。他还转达了问题的根本原因，由于认识到这个问题也会影响他们自己的团队，董事会成员频频点头。

罗伊向高管团队的另一位成员请求加快推进访问控制功能的开发，以防止将来出现这些问题。该功能本来位于投资组合墙的另一条跑道上，安排在两周内交付。罗伊的同事承认了这个问题，并同意在下次会议之前确认访问控制解决方案的进展。该团队现在对罗伊的团队在实现共同目标方面所起的作用有了一致的背景理解。他们了解了罗伊提出的问题必须在董事会的层面加以处理和解决，以及这将对他们共同的投资组合产生什么影响。此外，由于越来越多的人受到了这个问题的影响，所以该问题在系统层面具有高度相关性。

图 4-25 是“交付价值”看板会议的例行程序。

频率：　周二，不固定，按需召开
时间：　13:00 ~ 14:30
参会人：　管理团队和项目管理人员

目标

通过可视化和共享关于我们的（战略）规划及我们所做工作的背景信息，我们达成一致并确定前进的最佳方式。我们暴露出潜在问题以便能够共同解决这些问题。

在这堵可视化信息的墙上，我们一起检视信息、洞察学习和制定行动，但谈论内容不会超过 5 分钟。

签到

- 所有人都来了吗？手机关机了吗？开始之前还有其他需要了解的事情吗？
- 关于本次会议我们已同意做哪些改进？

问题

- 有哪些影响计划的新问题？
- 为解决问题我们必须做些什么？
- 我们充分解决了之前处理过的问题了吗？

每个项目或战略能力的单独时间盒

变化、收获和更新

- 什么工作需要我们优先处理和规划？
- 当前计划中有什么最重要的变化？
- 我们必须如何处理这些变化？
- 自从上次会议后有什么收获和更新需要分享（最多 5 分钟）

结束会议

- 任何内容的后续跟进讨论安排。
- 总结各自的行动和决定，确保展示在墙上的信息板里。
- 与其他团队沟通相关信息。
- 我们遵从会议要求了吗？我们的会议有效吗？

图 4-25　“交付价值”会议的例行程序

看板四：行动与响应

该看板通常是会议频率发生最高的看板，是推动快速识别问题和分享背景信息以采取行动的驱动力。事实上，对于管理者来说，这也是最接近于所有敏捷或精益团队已经熟知的站会的东西。

就像任何一个踏上精益或敏捷工作之旅的普通团队一样，起初，站会可能看起来像是增加了很多会议，但是，请记住，这些站会是工作的一部分，应该取代已有的其他会议。这里不存在占用更多的时间，只有更有效的利用时间。此外，团队将始终能够与管理团队一起解决紧迫问题，而不必等待超过两个工作日才能召开下一次决策会议（见图 4-26）。

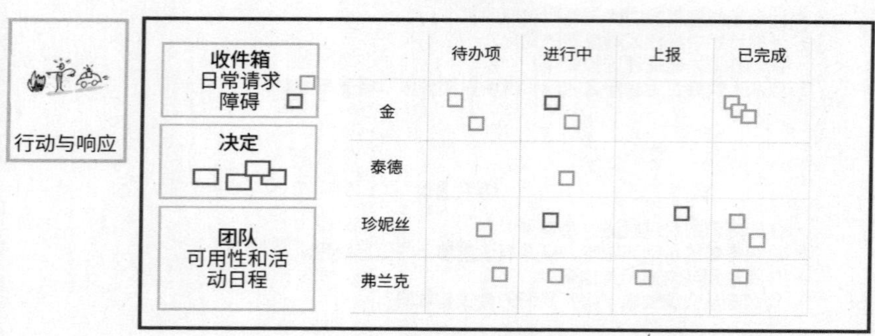

图 4-26 “行动与响应”看板的可视化组成要素

处理收件箱的请求

这是会议之前提出任何请求的地方。这些请求来自团队成员、运营团队或更高级别的团队。每个请求都应在会议期间由能够解释该请求背景信息的人员进行介绍。这么做是为了避免对请求的内容和原因做出假设。

> 大部屋的优势不仅仅来自一个房间，而且来自组织不同层面的连接，信息上传下达，帮助团队解决他们自己无法解决的障碍。
>
> ——史文·迪尔，敏捷教练

此外，使用带有特定手段（如“影响是什么”或“为什么现在紧急或重要”）的模板，将有助于团队决定是立即解决它，还是安排以后再解决。这使得团队更有可能做出适当的响应（见图 4-27）。

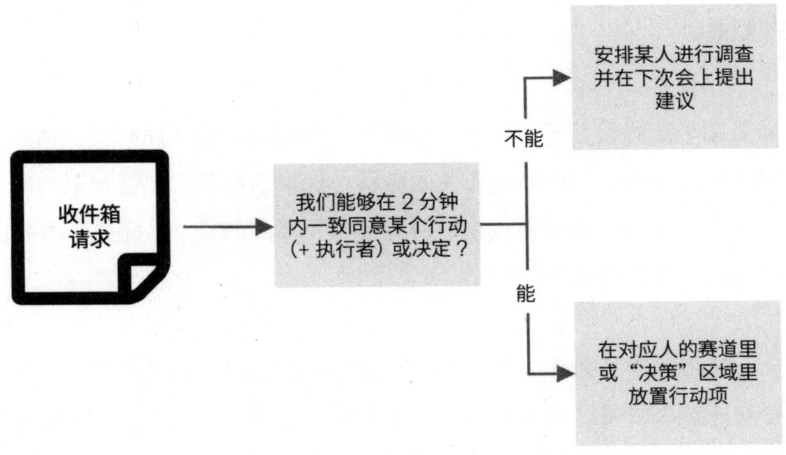

图 4-27　如何处理收件箱的请求

管理任务板

在这个看板上，有关于团队活动的“待办事项”“进行中”“已完成”等状态列，这些活动至少与其他两名团队成员有关。鉴于越来越多的团队正在采用敏捷实践，大多数团队成员以前可能使用过这种视觉化的领导系统。

要管理任务板，需要做的事情是就“已完成”的定义达成一致，这是为了避免人们就某件事是否完成产生争论。例如：“我们已经对这个障碍采取了行动，所以现在可以关闭这个障碍”，这是触发“快乐故障排除”的一个很好的标志，即我们对问题提出了解决方案，然后这个问题就消失了。但问题是，你不知道实施的行动（我们希望它有解决方案）实际上会不会解决问题。此外，如果没有首先调查为什么会发生这个问题，我们在将来可能需要再次花时间来解决它。

解决障碍

如果某个障碍很关键，我们希望确保它得到积极处理和解决，这样我们将能够跟踪任务板上与该障碍相关的活动。如果这些活动在视觉上与障碍相关联，例如，将真正的障碍放在“待办事项”“进行中”“已完成”等状态列中，这将对问题解决有所帮助。

> 使用大部屋开展工作，有助于我们快速地相互通报问题，采取行动并解决问题。这实际上可以避免发送电子邮件沟通，并节省了定义某种结构的时间，因为大部屋已经提供了一个结构。实际上，这有助于将时间集中在解决问题上，而不是花在组织会议等上面。
>
> ——博林·范·贝拉科尔，首席产品官

规划团队活动日程

这个组成要素显示了各种重大事项，如公司或部门会议，以及团队成员的假期或他们常规的兼职值班日。如果可以，请将此任务板放在可移动的白板上。

这样，如果其他人正在使用其他看板，你就可以灵活地将站会放在房间的其他位置。这为其他人提供了更大的灵活性和对大部屋中信息的访问便利。

大部屋的实际应用

LEADING WITH OBEYA

“行为与响应”会议的例行程序

团队周一午餐后在任务板前开会。

约翰宣布会议开始，“各位，准备好开始了吗？每个人都专注在会上吗？”

人们收起了手机，开始集中注意力。约翰简要解释了本次会议的目的，并检查了任务板上的可视信息是否已经更新，以便团队查看系统的最新真实信息。

“现在让我们从障碍开始。”约翰说。对此，安妮兴奋地回应：“是的，我有一个问题！”

安妮把她刚刚填写的障碍卡在空中挥舞着，并向团队解释道：“我的团队正试图让系统上线，但他们仍在等待授权。现在已经 5 个工作日了。目前这种状况的影响是，如果我们不能在两天内让系统上线，营销团队可能需要推迟他们的营销活动。据我所知，根本原因是上线过程中存在问题，我们团队中的工程师没有得到适当的系统访问权限，我们自己无法解决这个问题。”

安妮继续说道：“约翰，有什么办法可以让我的团队提前获得访问权限吗？”

约翰回答道：“这似乎很重要。我会在任务板上放一个行动项，与同事一起查看权限请求的问题，看看我们今天是否可以优先解决它。”

他继续说道：“请注意，我们一直忙于处理各种访问请求，特别是自从新的上线流程实施以来。”

安妮说：“是的，这也是我的感受，也许这就是这个问题的根本原因？”

上线流程的负责人朱迪现在加入了讨论：“上线流程应该可以加快工程师的工作效率。听起来好像并没有这样，但我也不明白为什么，因为无论我们做什么，访问权限都会出问题。”

朱迪继续说道：“似乎也没有一个简单的解决方案，我们也没有做出决定所需的所有数据，所以我将在这方面开始改进，并让安妮和约翰了解我们的进展。”

他们将约翰的行动事项放在任务板上以便在下一次站会中跟进，并为朱迪的改进措施创建了一个套路模板，然后结束了讨论。

图 4-28 展示了“行动与响应”会议的例行程序。

频率：　周一、周二、周四
时间：　10：00 ~ 10：30
参会人：　管理团队

目标

行动并响应新的问题、请求和需要我们注意的发展事项，以及接下来的行动事项。

我们洞察、理解并一起行动，但谈论内容不会超过 3 分钟。

签到

- 所有人都来了吗？手机关机了吗？开始之前还有其他需要了解的事情吗？
- 关于本次会议我们已同意做哪些改进？

收件箱

- 有哪些新问题需要处理？
- 有哪些新的请求需要处理？

正在进行中的活动

- 我们能够妥善地处理已知问题吗？
- 我们能够充分地落实已达成一致的行动吗？

相关背景信息

- 有没有我们应该知道的发展事项？

结束会议

- 任何内容的后续跟进讨论安排。
- 总结各自的行动和决定，确保展示在墙上的信息板里。
- 与其他团队和个人沟通相关信息。
- 我们遵从会议要求了吗？我们的会议有效吗？

图 4-28　“行动与响应”会议的例行程序

看板五：解决问题

解决问题的领导责任体现在这一看板上。该看板有助于识别问题、确定问题的优先级、跟进以解决问题，并有助于应用改进思维。通过解决问题，我们为实现目标提高了绩效。

传统管理观念认为，问题意味着麻烦，因此最好避免出现问题；与之相对的是，在“解决问题”看板上，我们将问题视作为提高系统的绩效而正在从事的工作。通过系统地处理这些问题，我们有效地提高了系统的绩效。因此，在大部屋中，这个看板应该体现我们的管理团队认真对待问题，因此绩效获得了提升。我们希望在这里找到相关的、优先解决问题的活动证据。

虽然问题应该在大部屋中各处以可视化方式暴露出来，但看板五关乎解决问题的结构化过程。这意味着如果问题足够小，通过简单的行动就能解决，它们将出现在任务板上。但是，如果问题不是几个行动就能被理解和解决的，那么“解决问题”看板就是你应该去的地方。

对于那些跟必须改进的绩效在逻辑上相关联的正在解决的问题来说，“解决问题”看板是最适合放置的地方。因此，我们可以确保正在解决的问题与实现目标的能力有关。这有助于确定优先级。例如，如果某个战略能力被标记为红色状态，我们应该能够快速地在改进任务板的相关看板上找到相应的改进行动，以使绩效达到预期水平（见图 4-29）。

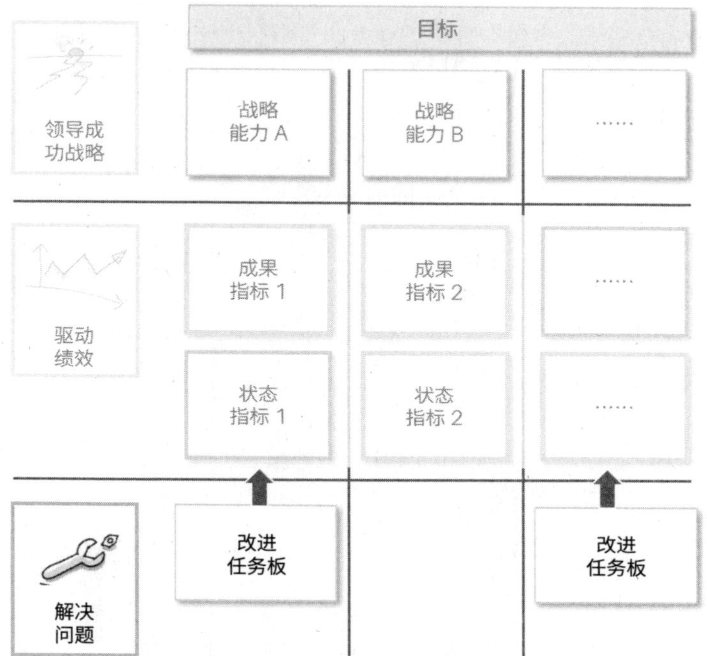

图 4-29　“解决问题”看板的可视化组成要素

虽然你可以在此看板上自由使用任何种类的问题解决方法，但我们非常倾向于使用改善套路。因为这是一种相当容易着手练习的方法，尽管很难掌握。

在正确的看板上解决问题

在大部屋的所有看板上和会议中，问题都可以得到解决，但根据问题的性质，我们以不同的方式跟进。这样做的原因是，有些问题通过一两个放在“行动与响应”任务板上的行动就能很轻易地解决，而另一些问题太复杂，无法通过简单的行动消除产生这些问题的根源。为了简化处理问题的方法，这里有一个支持问题的分析和解决方法的流程，无论它们在大部屋中何时何地得到解决（见图 4-30）。

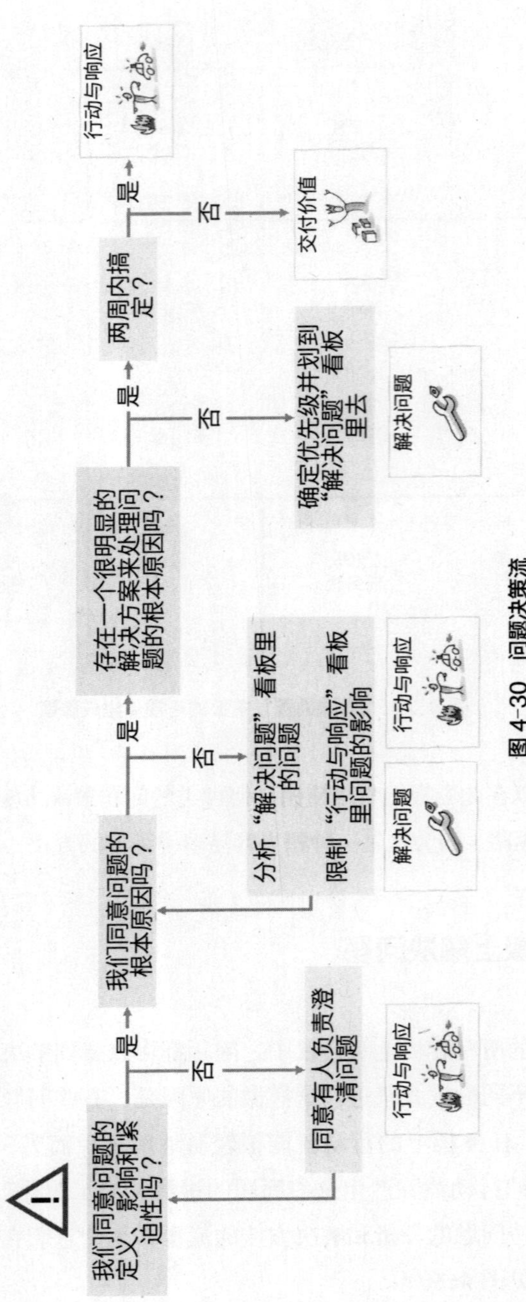
我们同意问题的定义、影响和紧迫性吗？
是
否
同意有人负责澄清问题
行动与响应
我们同意问题的根本原因吗？
是
否
分析“解决问题”看板里的问题
限制“行动与响应”看板里问题的影响
解决问题
行动与响应
存在一个很明显的解决方案来处理问题的根本原因吗？
是
否
确定优先级并划到“解决问题”看板里去
解决问题
两周内搞定？
是
否
行动与响应
交付价值

图 4-30 问题决策流

确保理解问题及其背景信息

在定义问题的过程中，非常关键的第一步是："我们的团队是否就问题定义及其影响和紧迫性达成了一致？"我们的直觉思维（系统 1）和偏见可能导致无用的行动。如果在此步骤中做出假设，我们最终可能只是在解决一个问题的症状而不是解决真正的问题。所有有效的问题解决方法中传达的关键信息都是，确保你在尝试解决问题之前真正理解了问题。约翰·舒克（John Shook）在他的著作《学习型管理》（*Managing to Learn*）中提出了非常有见地的例子，说明当管理者和团队中的某个人对问题草率地下结论时，他们可能会出什么岔子。在开始时避免问题定义出错的一个简单而有效的方法是使用"根源分析法"，即为什么这是一个问题？通过反复提出这个问题，问题解决者和管理者之间的对话被引导到更深层次地理解他们的系统以及一件事是如何影响另一件事的。

使用模板进行可视化

在"解决问题"看板，改善套路和教练套路得以应用，并通过使用模板进行可视化。这些模板有助于在解决问题的过程中应用结构化方法，并提供了一种沟通问题解决方案的进展情况的方法。在精益管理中，将所有东西都加以改进并不是一个好的做法。如果你将时间花在一项改进上，而另一项改进对客户的影响更大，并且更紧迫，那么该项改进可能被视为浪费或至少没有最大程度地增加价值。此外，当人们知道他们的工作很重要时，他们会在工作上投入更多精力，因为工作有意义。正如我们从丹尼尔·平克（Daniel Pink）[①] 那里学到的，有意义的目标是最大的动力之一。但是，为了获得意义，大部屋中的人们必须非常清楚他们花时间做的改进措施是如何支持战略

① 这一观点来自《驱动力》，想了解更多内容可以阅读丹尼尔·平克四部曲。该套书的中文简体字版已由湛庐引进，中国财政经济出版社于 2024 年出版。——编者注

业务目标的实现的。这就是为什么，如果可能的话，挑战或问题应始终与战略能力或驱动绩效下的指标在视觉上相关联（见图 4-31）。

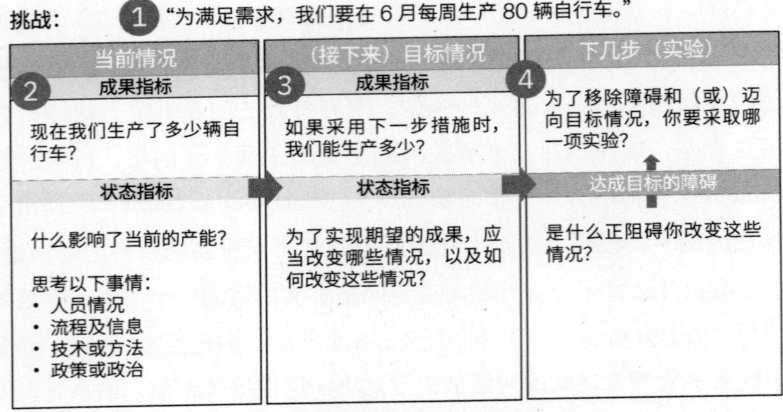

图 4-31 改善套路故事板的案例

用技能和工具来有效地解决问题

无论面对的问题是简单还是复杂，那些致力于解决问题的人都将从学习和实践解决问题的技术中获益匪浅。这些技术有助于揭示出现问题的系统，深入挖掘出问题的原因并在系统更深层面进行改进，而不是粗浅的处理表面症状。如果人们掌握了这些工具和技术，请不要低估他们在识别当前和目标状况或提出高效实验方面可以多么有效，也不要低估他们将这些工具和技术传授给他们的同事以及他们的同事又传授给别人的潜力。有效的问题解决者可能使用的工具包括使用石川图做的因果分析、价值流图、帕累托图和各种类型的指标，如控制图、直方图等。各种著作、专业人士、教练和社区在专门研究解决问题的技巧。我建议你好好利用它们。

图 4-32"解决问题"会议的例行程序复制了迈克·罗瑟的教练问题。

频率：　周二和周四
时间：　15 分钟
参会人：　改进人员、教练和培训师（如果参加）

给改进者的指导问题（使用教练套路卡片）：

1. 你的目标状态是什么？

2. 你现在的状态是什么？

反思上一步

你永远不知道一个步骤的结果会是什么。

- 你计划的最后一步是什么？
- 你期待什么？
- 实际发生了什么？
- 你学到了什么？

3. 你认为有什么障碍真正阻碍你达到目标状态？你正在解决哪一个障碍？

4. 你的下一步行动是什么？对于接下来的实验，你期望什么？

5. 采取上一步行动之后，我们多久能够到达目标状态并检查我们学到了什么？

更新的改进任务板

图 4-32　“解决问题”会议的例行程序

LEADING WITH OBEYA

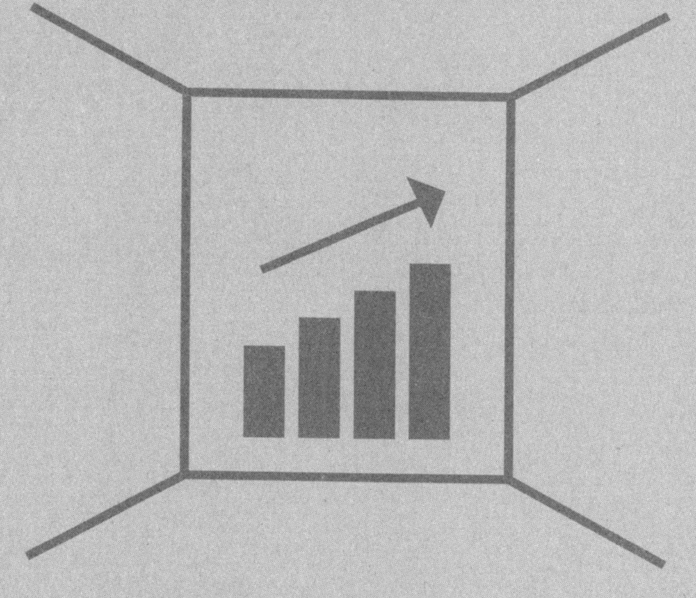

第 5 章

7 大步骤，
开启大部屋对齐工作法

如果你的团队准备开始使用大部屋，那么我们需要探讨一些更实用的具体操作细节。我们会看看开始之前需要满足的条件、设施和房间以及梳理整个转型的步骤并提供一些实用技巧和会遇到的陷阱，以帮助你的团队更好地开启大部屋之旅。

这一章将介绍一些需要执行的实用步骤。如果到目前为止你只做了其中的几个步骤，你可以考虑规划实施剩下的步骤了，这将有助于你的大部屋实践取得成功。

大部屋实施的过程不仅是一个简单的执行方案，而是一个全面的转型方法，因为参与者将不得不真正改变他们的组织和重新看待组织的工作方式。它超越了可视化，还规定了团队如何安排会议、会议时间表、每次会议的成果以及如何引导和训练团队。

大部屋对齐工作法的目的是管理和传达期望。这个计划应该至少在发起人、教练和引导者之间达成一致。此外，在向管理团队的其他成员展示计划之前，与其中一位参与者提前进行某种形式的共享和评审，对于检查其实际可行性和获得第一次认可是非常有价值的。

图 5-1 提供了一种可能引入大部屋的基本框架。

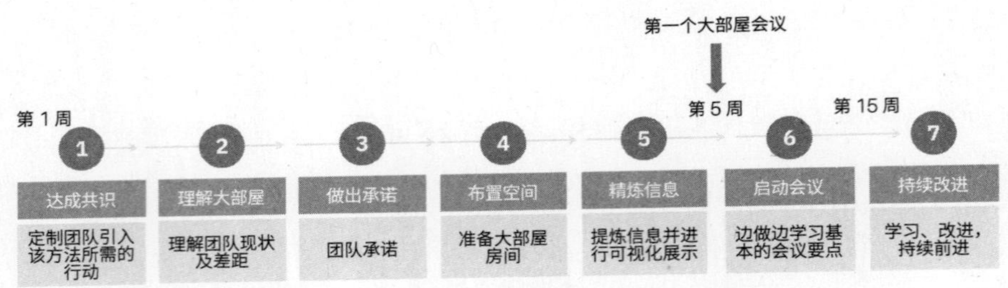

图 5-1 引入大部屋的步骤示例

注：图中时间只是示意。

大部屋的优势在于它为管理活动提供了一个非常实用的结构化框架。甚至可以说，采用大部屋的管理团队正在经历与开始用 Scrum 的运营团队相同的转型之旅。Scrum 是将敏捷原则应用于团队的实用方法，而大部屋提供了一套在管理层面应用精益和敏捷原则的实用方法。

大部屋与 Scrum 的相似之处可以在以下方面找到：采用一些原则作为思考与行动的方式，使用 Scrum 板实施可视化管理，就每日例会、计划会、演示会等 Scrum 仪式达成一致，当然还有使团队的工作和绩效可视化。

这样引入一种新的工作方式的好处之一是具有结构化优势。你不必争论这种结构化的优劣，因为它是一种经过实践验证的工作方式。拥有一个经过测试并在团队中验证的系统化工作方法，可以降低人们接受它的门槛。如果这些原则没有实际工作方式的支持，团队将不得不自己找出工作方式。这会耗费大量时间，导致潜在的反复不定，从而导致浪费。大部屋的另一个好处是，每次会议都有一个反思性的反馈循环，只需遵循这些例行程序就可能引入持续的改进。

这一切需要多长时间？这取决于你的团队以及他们与大部屋合作的意愿（渴望和承诺）和能力（技能和知识）。有些团队在一两个月内就能从中受益，而另一些团队可能会挣扎半年才能最终开始解决问题并从大部屋的使用中真正获得价值。诀窍是尽可能地要让团队用大部屋开展工作并从中获得价值。如果你并不真的想要或需要它来开展工作，哪怕是面对再小的问题你仍然会感到困难。

以下 7 大步骤将帮助你使用大部屋来成功转变团队的工作方式。每个步骤都包含有用的提示，有助于规避陷阱从而增加成功的可能。这些步骤可以在几周内完成，也可以根据需要进行组合。这些步骤可以以革命性方式进行应用，通常需要几周到几个月的时间才能运用自如。我也曾以革命性的方式应用过它们，其中前 6 个步骤在短短 3 周内就完成了。

步骤一：达成共识

在第一步，需要一位高管与教练或团队中的某个成员一起，开始设计 7 大步骤的实施大纲。教练就常见的陷阱以及接下来需要注意的关键方面提供建议，以最大限度地提高成功的机会。如果现有的教练还没有使用大部屋的经验，那么寻求有经验的教练来提供帮助，因此在这 7 大步骤中，也包含了知识的转移。

让高管躬身入局

高管应该是转型的推动者。如果高管并不想做出这种转变，那么你很可能无法实现任何有效的改进。因此，在第一步，重要的是要让高管躬身入局，就实施方法达成共识。

高管必须能够激励团队实现或改进他们所寻求的目标，并灌输一种紧迫感（如果有的话）来启动这种转型。这种激励应该集中在实现实际的理想状态上，而不是严格和教条地引入一个使用工具。

确定参与者

确定团队成员是定义方法的一部分。通常，高管需要承担此责任。教练可以在诸如团体规模、每个角色的参与程度等方面提供建议。技能、知识和经验等也可能是在选择管理团队时需要额外考虑的因素。

什么时候将人们聚集在一起开始大部屋会议比较有用？以下是一些可供参考的建议：

- 当他们为共同的目标而奋斗时。
- 当他们彼此依赖时。
- 当他们使用相同的资源（人员、流程、技术）时。
- 当他们应用相同的解决方案或使用相同的方法来解决问题时。

如果没有共同的意愿或目标来共同实现某项成就，如果人们不打算合作实现有明确定义的共同目标，就不要使用大部屋作为领导力工具。毕竟，这种情况下，有什么可以领导的呢？

探索焦点和关键挑战

每个团队可能处于不同的发展阶段，如形成期、规范期、动荡期等。团队成员的能力、知识、价值观和信念等方面也各不相同。他们可能愿意改变，也可能抵制任何改变。每个团队都是独一无二的，在转型过程中应该尊重这一点。因此，他们可能面临不同的挑战，需要通过调整方法来加以解决。

现在是评估团队对使用大部屋开展合作的初始意愿和准备情况的好时机。如果团队准备好了并愿意学习，并且他们有一种尽快启动的紧迫感，那么你就走在正确的轨道上了。如果没有，那么继续下一步之前，先解决这个问题。

调整方法以适应团队的成熟度和时间安排

快速启动方法是开始使用大部屋的比较常见的方法。它可以根据团队的需求进行优化调整和灵活安排时间。这是由教练和高管共同完成的。通常，与至少一名团队成员一起深入探究该方法并允许对可行性进行评估，有助于获得支持。

就整体时间线达成共识

应该安排大部屋的学习时间以及完成所有 7 个步骤所需的总体时间表。高管应该在整个时间周期内成为落地执行这些步骤的有力推动者，教练则引导这些执行节奏。

步骤二：理解大部屋

这一阶段主要是让团队理解他们将要做出的承诺以及这种承诺的重要性。因为他们需要改变过去的工作习惯，比如处理问题的方式、开会时间和开会的方式。任何事情都不会在大部屋中自动出现，团队将不得不在这一过程中投入大量的努力和智慧。在开始之前，他们必须意识到这将对他们的工作带来哪些具体的影响和要求。

让团队熟悉大部屋

要了解大部屋，你应该走进组织内现有的大部屋房间，或到其他组织中参观访问。与你的团队一起站在大部屋中将激活团队成员的所有感官体验，而且更有可能帮助他们理解大部屋是什么。当然，应该有人在场，他可以正确解释大部屋房间里的各部分是如何工作的，以及它的使用者是如何开发它的。最好的方法是让你的团队观察另一个有经验的团队是怎么使用大部屋的。

建立洞察、学习和行动的共同参考标准

大部屋并不是要把现有的报告贴在墙上；相反，我们能够定义系统并暴露出问题，这才是真正的挑战所在。但这不是在管理团队的过程中就能自然而然产生的技能。问题在传统意义中是坏事，应该避免。但现在，我们做了一个 180 度的大转弯，开始暴露问题以便我们可以改进它。这一转折不容低估。

重要而紧急的事情是，团队必须在基本层面上熟悉与大部屋相关的原则。有些人可能比其他人更熟悉这些原则。最重要的是团队达到了在某种意义上同等的知识水平。通过这一点，管理团队在他们希望如何领导他们的组织方面建立了必要的背景信息和愿景。这件事并不能通过个人参加精益或敏捷领导力培训而实现，关键是要让整个团队经历相同的学习过程。

实现这一目标的方法之一是简单地举办一次研讨会或为整个团队提供一定程度的培训，最好是将学到的知识立即付诸真实大部屋的实践。你可以使

用本书中的大部屋行为模型作为参考框架。

解释识别和解决问题的方法

如果管理者没有被引导去采用改进方法及其背后的哲学，他们通常会坚持依赖直觉匆忙行动。这有什么问题呢？如果你想继续维持现状，那没什么问题。如果你正在为团队寻找真正可持续的改进，那么是时候改变你看待问题的方式了。

拥有改进的工具是一回事，但更重要的是了解底层的思维模式。在大部屋中发生的一切都有着内在的联系，其中包括持续改进的思维模式、设定挑战、理解当前状况、设定目标状态并朝着它前进。它显示在“引领成功的战略”看板（设置了一个挑战），然后当建立“驱动绩效”和“交付价值”看板时，我们为该挑战设定了当前状态和目标状态。如果没有看到期望的结果，就需要使用“行动与响应”和“解决问题”看板来进行实验及相关活动，以帮助我们实现目标。

这种思维方式必须通过演示文稿展示或（最好）在研讨会上向团队进行介绍，让他们尝试一下，以便非常明确地说明我们将如何使用大部屋，因为我们需要在下一阶段做出承诺。幸运的是，这完全属于常识，就像遵循 PDCA 循环进行改进一样。

定义大部屋中的典型角色

虽然大部屋原则上是一个对所有人开放的房间，每个人都可以参观，但还是建议为直接干系人定义一些角色。为了避免混淆，在大部屋启动之时，都应该为信息指定明确的负责人并就这些信息到底意味着什么达成一致。如果不这么做，人们可能会开始互相推卸责任或拒绝对信息负责，这反过来又会导致参与度降低以及使用过时信息导致会议混乱，等等。

因此，定义一些角色有助于明确责任。以下是一些通用角色，可帮助你将大部屋组织得井井有条。请注意，这些都是通用描述，角色不限于一个人，他们也不是全职工作（见图 5-2）。

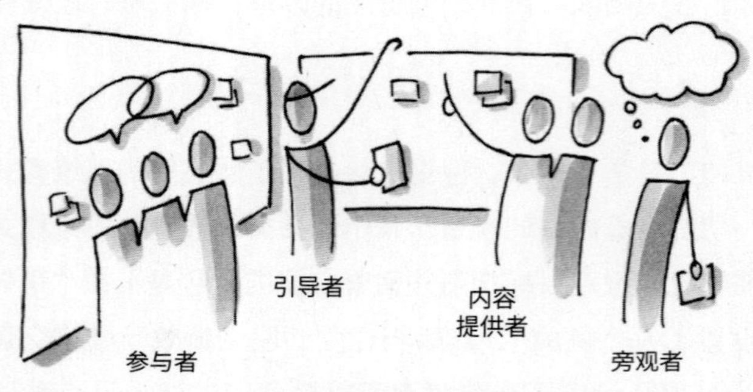

图 5-2　大部屋及其相关角色

发起人

发起人通常是一个参与大部屋会议的高管，他负责大部屋工作方式的建立和发展。发起人是其团队在更高层管理中的大部屋的主要代表，特别是存在层级结构的情况下。此外，发起人将与引导者或教练一起改善大部屋内部和相关的一切事务。发起人的领导力是大部屋成功的关键，因此，像了解精益管理、之前有参与大部屋的经验以及有足够说服力影响同事等特质的人，能更有效地承担这个角色。

参与者

任何积极地与大部屋墙上信息互动的人，无论是什么角色都可以通过参加任何一个大部屋会议成为参与者。参与者应确保在开始实际会议之前查看墙上的信息，以减少会议期间的信息阅读时间。任何一个运营大部屋的团队中的参与者都可以在教练的帮助下成为改进墙上的改进者。

旁观者

大部屋会议中呈现的背景信息对于组织中不直接参与会议的管理团队的成员也是有益的。因此，他们不会积极参与会议，而是观察会议，以免扰乱管理团队的会议进程，同时被动接受分享的背景信息。有时，应管理者的要求，会有专家参会。他们可能被要求在不超过 5 分钟的时间内，就特定主题或他们的学习成果进行简要阐述，如与改进相关的事情。他们会对某一特定主题进行短暂的积极参与。

内容提供者

墙上的内容由商定的内容提供者提供，该提供者同时也是参与者。内容提供者负责在会议之前及时将信息展示在墙上，或将这项任务委派给团队中的任何一个人。他们负责创建适合其职责的信息选项。彻底了解所呈现信息的内容，并通过参与相关指标的改进来更深入地了解相关系统的工作原理，这也是内容提供者工作的一部分。

引导者

任何在大部屋的运营层面提供帮助的人都是引导者。引导者的主要目标是在后勤保障层面支持大部屋会议的规划和顺利进行。这项事务可以像确保有足够的笔和便签一样简单，也要根据例行程序安排来积极引导会议。这个角色可以与教练相结合。此外，如果团队成员已经掌握了举行会议的方法，他们也可以选择轮流引导会议。当团队成员自己引导会议时，偶尔也需要教练参与。教练可以帮助避免会议出现延迟情况。

引导者应该在不显眼的同时，帮助团队以最有效的方式开展会议。引导者是设施管理部门和团队之间的联络人，负责布置房间和建立通信系统来为会议做好准备。

教练

教练是接受过专业教练培训的大部屋专家，帮助团队及其个人根据自己的抱负发展他们的领导行为，教练了解大部屋的工作方式，设置并挑战内容等。教练和引导者之间的主要区别在于，教练在大部屋和团队教练以及个人专业教练方面具有深厚的专业知识和经验，并且能够专注于实现更高层次的成熟度，而引导者的重点工作是后勤以及确保会议的顺利进行。

一个好的教练将在战略能力、指标、可视化等方面指导你，并帮助你开启每面墙上每个看板会议，确保会议定期有序开展。**大部屋实施的一个非常重要的成功因素是教练代表了团队的“外部良知”，在团队偏离其雄心壮志时帮助反思他们的行为。**即使是很有经验的团队有时也会在例行工作上变得马虎，这会将大部屋的有效性置于危险之中。

教练也可以担任引导者，但结果取决于团队的特点。团队的特点对教练的行为以及引导会议的例行程序来说，可能是一个相当大的挑战。

教练和 / 或引导者有时也被称为大部屋的专家，这有点像管理团队的 Scrum 专家，负责引导和支持该团队。在本书中，我们将不断提到教练和引导者的角色，而且会使用大多数人熟悉的术语进行表达。

在开始使用大部屋之前，通常需要有人向管理团队解释这种工作方式对他们意味着什么，以及如何实施。然后，教练或大部屋专家的角色是提供明确的指导，告诉管理团队如何实施这种工作方式。这与通常的教练角色不同，通常的教练角色更多是通过提问引导个人或团队通过思考过程来找到解决方案。正如本书所述，大部屋工作法已经足够成熟，有经验的教练可以有效地将其介绍给团队，并训练他们达到初学者的理解水平，以开启旅程。

使当前状态和目标状态对齐

表 5-1 描述了当前（传统的）领导系统以及使用大部屋作为有效运作领导系统工具的目标状态。与团队一起审查、编辑和商定目标状态有助于团队就如何朝着这个目标状态进行改进达成一致。它还帮助人们了解当前管理团队的工作方式与使用大部屋后的工作方式之间的差异。

表 5-1　大部屋中从当前状态转变到目标状态

	当前状态	目标状态
引领成功的战略	战略仅作为文档概述存在。沟通只在高管之间进行。团队根据已知模式和现状开展工作	从首席执行官到工作一线，每个部门都通过对话和反馈将战略进行转化，从而建立理解、支持并提高可行性。团队将他们的日常活动和结果与目标联系起来。他们检查、适应和改进他们的工作方式，以实现战略目标
驱动绩效	绩效在输出中可见，如预算燃尽图、销售额、用户数量等。KPI 是根据目标管理设置的。人们只关注结果，而不关注通往结果的道路或应该产生结果的系统	绩效与战略息息相关，因此管理者可以设定明确的优先事项。绩效在流程级别上是可见的，例如流程周期效率、交付时间、规定和实际预算利用率、客户反馈等。 该团队旨在对价值创造的系统层面进行洞察并改进

续表

	当前状态	目标状态
交付价值	对于正在开展工作的团队或部门来说，价值创造过程是不可预测的，每个团队或部门都有自己的目标。有一个头等优先事项的清单，这些优先事项都是同时被启动的，导致延误了所有优先事项。在实现战略目标方面，没有关于资源利用的洞察	在客户期望交付的价值以及如何最好地创造该价值方面有一个正确的观点。价值创造链作为一个过程或计划是可见的，因此变得更加可预测。障碍是可见的，并逐一被消除。通过人力和资源的最佳利用来实现战略目标
行动与响应	员工很难在他们举行的一对一会议之外联系到管理者。问题和请求通过电子邮件处理，直到问题大到给予优先处理权。问题在很长一段时间内未得到处理或解决	管理者每周在固定的地点和时间进行几次对话，以解决团队尚处在早期阶段的问题和要求。通过这种方式，管理者可以以最佳方式引导团队为战略创造价值
解决问题	问题是临时解决的。由于故障排除和"绿色"报告的奖励，问题和根本原因仍然不可见，其中报告中的结果与工作现场感知到的现实之间存在脱节	管理者显然以可见方式在与他们的团队一起不断改进。使用科学思维和改善套路，管理者与团队不断对话来解决实际问题，从而实现战略目标
定期有序的会议模式	会议是临时性的，议程计划混乱；由于繁忙的议程，计划会议时协调团队需要花费大量时间。会议被规划到很远的将来，降低了应对变化的能力。会议往往缺乏明确的目标和议程，人们毫无准备。管理者基于缺乏客观事实的信息来做出决策	几乎所有会议都有固定的时间和例行程序来计划。因此，管理团队可以对变化和问题做出响应，无论大小。会议有一个所有参与者共同商定的目标和议程，其中关键的事实信息对团队成员可见并可获取。这使得他们能够基于信息做出决策。会议被认为是有效的，管理者有更多的时间和他们的团队在一起，议程中为一线工作（现场参观）或特定的会议主题预留了更多的空间

让所有团队实现协作学习和持续改进，以便我们能够充分利用有限的资源为客户提供价值，同时实现我们的目标，满足地球、人类和利润的需求。

大部屋的价值不是只有在墙上的信息，还有团队对工作的理解。你在墙上看到的是管理团队如何工作、互动和理解他们的领导和生产系统的结果。所以，当你走进任何一个大部屋时，都不要用表面所见来评判它。你可能会走进一个看起来非常整洁和令人印象深刻的房间，但这并不能说明它是如何使用的，以及团队是否可以在房间里有效地开展工作。同样，如果它看起来有点乱，它可能只是被大量使用，这是一个好兆头。

步骤三：做出承诺

团队已经了解了他们将要做什么，是时候通过一些明确的协议来促成团队做出承诺了。

承诺继续执行其余步骤

此时，团队的高管可能会要求每个团队成员达成一个协议，开始承诺参与其余步骤，从此以后采用大部屋工作方式。

剩下的步骤需要高管进行某种程度的投入，包括从各种来源收集信息，思考目标、目的、可能的阈值等。预计团队成员还需要花两天时间布置大部屋的墙。换句话说，我们需要开始明确我们的日程。幸运的是，到现在为止，团队成员应该已经知道为什么需要这样做，以及在一定程度上知道期望他们做什么。

承诺聘请教练指导团队

人们天生不善于反思，容易得出错误或有偏见的结论。此外，我们更容易高估自己。鉴于这是人类的天性，这也是我们必须应对的事情。首先，我们要承认这样一个事实，即有一个公正无偏私的第三方是件好事，第三方将给出诚实客观的观察，并反思我们的工作方式和共同目标的进展。

出于这个原因，找一个教练不仅是一个好的选择，而且更有可能是一个要求，特别是在当前这个阶段，这与我们团队的成熟度无关。事实上，更成熟的团队经常寻求更多的指导，因为他们越来越意识到自己的偏见，同时也需要更好地理解我们的局限性。

在考虑请教练来支持团队时，需要考虑以下几点：

- 团队成员必须同意作为一个团体和个人接受教练指导。
- 教练应拥有一个明确的指导许可，最好是描述指导的意图、目标和方法的书面声明。
- 教练应该精通精益和敏捷的工作方式，并对大部屋有深入了解。此外，教练应该接受过专业教练技能培训并且是有实战经验的人，最好是具备个人和团队两方面的教练经验。

对齐开会的频率与例行程序

既然团队已经理解了为什么要以特定的方式做事，如通过遵循结构化的会议来提出问题，以避免会议中的偏见，现在是时候开始讨论如何开展这些会议了。

在这个时间点，对齐开会的节奏和例行程序将有助于团队快速启动后续步骤。此外，这将为团队提供一面镜子以便团队开始进行精细化调整。他们将知道在大部屋会议中需要关注什么信息，这样就可以开始收集数据并使其可视化，从而帮助他们了解生产和领导系统并发现问题。

开启会议新节奏和例行程序可能是一项艰巨任务，因为大多数人将不得不在他们的日程安排中调整会议。起初，挣扎于完成这项工作可能会暴露出一个问题，即缺乏节奏会导致会议的混乱，这使得找到有效对齐的时间变得困难。

关于是否因为大部屋而在会议上花费更多时间讨论的问题，现在是分析的好时机。对团队成员的实际会议进行简要分析：哪些会议将被大部屋取代，哪些即将过时而无需再开。

由于将所有会议纳入每个团队成员的工作日程需要一段时间，因此明智的做法是在执行新的会议安排和第一次大部屋会议之前提前几周做好计划。

签署章程以确认所作承诺

为了确定团队成员对其承诺有清晰的认识，并在做出决策之前保持明确的方向，采取签署团队章程是一种很好的做法。建议让团队成员亲自签名，并将其放在大部屋中明显可见的地方。这将有助于团队成员和教练指出他们承诺道路上的任何偏差。章程应包括使用大部屋开展工作的目标和参与教练的指导许可，还可以包含对指导行为有用的团队价值观。

让团队成员阅读并亲自签署一份章程，有助于他们在后续工作中记住并坚守他们的承诺。他们可以在互相指导时参考他们签署的章程，教练也可以将其用作运作大部屋的通行证。

明确转型的意愿和能力

是否应该现在就开始

开始改进组织领导方式的好时机是当团队有空间进行系统 2 思维的时候。当团队面临某种新的开始时，在某个合适的时间点开始可能是最简单的方法，比如夏季之后或新年伊始，特别是当安排了战略评审或规划会议时。我个人总是会考虑延迟改进的代价。当团队声称因为忙于在截止日期前完成工作而无法改进时，我会认为这有点愚蠢，但从系统 1 思维来看，这是完全可以理解的。

在进行精益或敏捷转型时开始使用大部屋是一个不错的主意，毕竟该转型旨在提高组织能力，以实现我们的目标。还有什么比运用大部屋来完成转型更好的吗？

大部屋的理念与方法适用于任何类型的组织，无论组织所在的行业或规模大小。如果你的组织没有精益或敏捷的经验，那么大部屋仍然可以成为有用的工具，但前提是你必须愿意采纳这种工作方式及其基本原则，并真正拥护它。

最后，做好准备也意味着你要知道你为什么使用大部屋。为什么选择大部屋？你有什么期望？你目前正在经历什么问题？你想解决什么问题？如果你对这些问题还没有答案，那么也许现在并不是开始的好时机。

> 我不认为所有团队都能从大部屋中受益。如果一个团队不能很好地协同工作，大部屋也改变不了这一点。团队必须有很强的接受

认可度，团队的管理者必须理解它，想要它，也去追求它，否则团队很难从中获得真正的价值。使用大部屋获得成功的团队都坚信这个理念，他们根据自己的需求设计了最初的大部屋，然后从未停止基于短周期改进的节奏发展自己的大部屋。

——李恩德特·卡尔福斯贝科（Leendert Kalfsbeek），IT 经理

转型要放弃什么

如果没有改变的愿望，没有紧迫感，没有真正的需求或改进的意愿，任何改变都将是非常困难的。大部屋转型不仅是关于该工具是否适合团队当前的工作方式，而且是关于团队是否愿意改变和改进他们的工作方式。

使用一面墙来创建一个与真人一般大小的项目条状图（与你的项目规划工具中已有的条状图相同）与建立大部屋之间存在很大差异。大部屋作为一个系统，其效果取决于所有组成部分的完整性。如果你开始忽略它的某一部分，你会发现这将严重影响整个系统。

如果你打算选择性地采用大部屋中的部分元素，而不包括那些重要原则，那么你就有可能只是创建了一个房间，得到的还是你过去所得到的那些结果。

如果你计划开启精益、敏捷转型，大部屋可以成为这种转型的强大催化剂，在转型进行的整个过程中支持管理团队，同时使他们就正在发生的情况与运营团队保持一致。虽然精益和敏捷的一些领导理念和培训可以在某种程度上无形地应用于工作场所，但大部屋是管理者将精益和敏捷领导力带入日常实践的平台。

大部屋作为一种管理工具帮助团队实践精益和敏捷原则，引入新的习惯

和思维方式，并辅以可视化管理。当采用这种工作方式时，你不能只停留在思考层面，而是必须开始真正去做。这就是使用大部屋的强大力量。

是否有足够的能力

就能力而言，让我们假设处于领导职位的人具备使用大部屋开展领导工作的智力和能力，因为大部屋所涉及的内容都是常识性的。但团队成员应该对这样一个事实持开放态度，即他们将学习新技能或以不同的方式使用现有技能。表 5-2 是团队成员需要的一些技能，我们应该检查它们是否有足够的代表性。如果没有，我们应该在转型过程中通过培训或临时雇用有能力的人来解决，以便团队成员能够掌握并内化这些技能。

表 5-2　组织或团队中不同人员应该具备的技能和知识

技能与知识	团队成员	教练
商业管理与统计学	√	√
领导力	√	√
科学思维	√	√
教练技能	√	√
改进方法（丰田套路）	√	√
产品 / 服务知识	√	
市场与领域知识	√	
精益敏捷等方法论的应用知识	√	√
方法论的专家知识		√
大部屋的专家知识		√

本书旨在提供一个起点，将你当前的管理习惯转变为使用大部屋开展工作的更有效领导方式，从而提高团队的效能水平。本书提供的基本标准可以作为你改进之旅的起点。你应该始终牢记，这段旅程永远不会结束。在这种情况下，旅程本身就是目的地。

对反馈保持开放的心态，专注于学习能力，然后使用此能力来改进你使用大部屋的方式。不要忘记在进行任何重大改变之前，确保首先要掌握大部屋的基础知识，否则你可能会使系统紊乱。

了解一些人对大部屋的顾虑

大部屋代表了一种与当前工作方式截然不同的变革，它引入了新的方式和理念，因此，可能会引起一些成员的抵触情绪。一些成员会产生以下 3 种顾虑：

- **工作方式的透明度。**当团队成员对自己的结果以及如何实现结果保持透明时，他们可能会感到不舒服或被控制。他们可能会觉得，当别人看着他们在做什么时，他们正在放弃对自己工作方式的自主权，其他人可能会评判，试图干预他们的工作方式。
- **结果透明。**如果信任度较低，团队成员可能会认为高管正在寻求为下一轮裁员提供基础数据。如果对组织的信任很少或根本没有信任，那么这种担忧是有道理的。因此，一个新的问题就暴露出来了。如果是这样的话，与高管就你将要做的事情达成非常明确的协议，为团队成员创造安全感可能是让团队踏上大部屋之旅的先决条件。在大部屋中，重点必须放在学习上，而不是结果上。

- **责任心。**承担责任需要勇气，特别是在这样一个组织中：人们缺乏对产品或服务做出决定的自主权，也不想因为他人的错误而受到惩罚。如果人们不愿意承担责任，可能会出现两个问题：一是恐惧。如果出现问题，你会受到惩罚，而不是聚焦从问题中学习经验教训。二是自主权问题。如果你没有权力对某种产品或服务做出决定，但你仍然应该对此负责，这可能会暴露一个更大的问题。如果你发现自己缺乏在大部屋中做出有意义的决定的权力，也许是时候谈谈你的组织是如何运作的了。

步骤四：布置空间

准备好开始布置你的大部屋了吗？对团队成员来说，大部屋应该很容易到达、随时可以进入，里面有一些工具能够使用，比如线、便笺和笔等。

寻找合适的位置

如果你还没有找到合适的位置，那么现在是时候做这件事了。评估位置是否合适有如下一些建议：

- 团队和组织相关成员均可访问。
- 空间很大，最好在一两面（有磁性的）白墙上。
- 允许在墙上放置内容。
- 该位置应始终可供团队举行会议。
- 对非团队成员应开放，以便他们收集信息。

通过放置写着团队和大部屋名字的标志，或会议频率的内容，有助于其他人理解他们正在查看的内容。

选择房间和基础设施

准备一个房间、一面墙，或者一块相当大的白板。现在怎么办？首先，考虑一下你打算如何使用大部屋。如果你打算进行大量的绘画和素描工作，那白板或玻璃墙可能是不错的选择。如果你打算在墙上贴很多纸，那么磁力墙很有用。或者，如果上述所有方法都不可行，你可以考虑使用重复粘贴的胶棒，它可以神奇地将每张纸变成可重复使用的便签。

值得注意的是，布置大部屋房间时要尽早与你的设施管理团队谈一谈！有一次，设施管理团队在网上查阅了大部屋的样子，然后布置了一个非常漂亮的房间，在磁性白板前面还有精美装饰的玻璃板。不幸的是，他们并没有问我们打算如何使用那个房间，而我们也不打算在墙上写字（如果写字的话，玻璃覆盖的白色墙壁真的很好，但我们几乎根本不会写任何东西）。实际上，我们打算使用数百个小磁铁将很多小的里程碑事件贴在墙上以形成一个大的投资组合墙。最后，设施管理团队从墙壁上取下了这些花哨的玻璃，增加了磁性白板的面积。最终我们有了一个很好的大部屋，但之前浪费了一些时间、材料和金钱。

最大程度地利用墙面空间

大部屋理想的墙壁应该是从地板到天花板都覆盖着磁性白板。这种墙壁的好处是，你既可以在上面进行书写，也可以使用磁性材料将纸张粘贴在上面。事实上，有很多各种形状的实用的磁性材料可以帮助增强视觉效果。由于墙壁是完全磁性的，因此你可以将这些带磁性的物件粘贴到你喜欢的任何地方，而无需使用胶带。

如果可能的话，避免使用有很多窗户的墙壁，除非你故意这样做。粘贴在窗户上的纸上的内容通常很难被阅读。此外，我曾经遇到过一个团队，他们担心旁边大楼里的人能够看到他们贴在墙上的公司战略信息（除非隔壁大楼的那些人决定带上双筒望远镜）。

推荐使用可移动白板

确保有足够的空间可以供人们四处走动。推荐使用移动白板，最好是可折叠的，以便你可以将可用板面最大化。它的移动性允许你根据团队成员的活动与互动需要，在房间内重新定位白板。在实际操作中，可移动的白板为团队在需要时创造更多空间。我曾见过运营团队将自己的移动白板带进大部屋中，与管理团队开会。

合理利用数字协作设施

在与同事远程合作的情况下，在房间里放一个大电视屏幕或投影仪并伴有适当的广角网络摄像头和麦克风 / 扬声器设施是很有用的。请注意，与远程参与者一起工作需要他们在（非）口头交流中更加专注。例如，任何聊天背景声都会被麦克风录下，这导致远程听众分心。使用大屏幕投影大部屋的信息可能很有用，例如，你可以查看实时数据。但它也有缺点：

- 你可能需要鼠标和键盘来编辑信息，这通常比用笔写下某些内容或移动纸质里程碑更不方便。
- 屏幕的像素数限制了可以清晰投影的内容量。你可以放大查看细节，但这样也会导致屏幕显示的内容范围变小。
- 当屏幕关闭时，大部屋的这一部分信息就消失了（而我们希望大部屋可以随时随地被访问。
- 正如你可能在孩子身上注意到的那样，当存在屏幕时，人们倾向于看着屏幕，而不太关心周围发生的事情。因此，存在人际互动质量受到影响的风险。

这里的重点是：当心，在大部屋迈出数字化的每一步，你都会得到一些东西，也会失去一些东西。因此，请仔细看看你希望通过大部屋在协作方面实现的目标，数字资源是否可以帮助你实现这一目标以及你必须为此放弃什么。如果你要用大部屋进行虚拟工作，请注意两件事：

- 通过音频和视频连接与团队进行交互。最好是以这样一种方式，即你可以以最自然的方式看到和听到彼此，而不会遭受技术阻碍。
- 与信息的交互。让信息轻松而安全地可用并能够与虚拟墙上的信息进行交互是其中的决定性因素。此外，虚拟板上的交互要尽可能简单，就像在墙上一样。

有一些在线应用程序可让你像在自己的办公室中一样安排一堵白墙，并同时与几个人一起处理内容。因此，如果你认为这对你的团队有好处，那么开始吧。

我确实认识很多选择线下会面的团队，特别是对于重要会议（每两周一次）。他们使用物理板来做到这一点，该物理板由引导者负责与虚拟板及时更新，或者通过显示虚拟大部屋的大屏幕来进行对话。

创建开放空间，处理敏感信息

大部屋通常对每个被允许自由进入办公楼的人开放。一些管理团队选择限制对其大部屋的访问，这取决于组织在大部屋中代表的是哪个部分，是否会有更高级别的机密或敏感信息。这会导致团队决定将他们的大部屋锁起来，不在外人面前展示。

对于创造一种每个人都参与其中并朝着同一目标努力的文化来说，每个层面的开放性和透明度都至关重要。但是，有些团队认为他们需要将自己的大部屋房间锁起来以保护那些无法与同一组织的其他成员共享的信息。通常，真正敏感的信息不超过大部屋中全部可用信息的5%。当然，有些团队由于工作性质，需要处理机密信息、高度敏感信息或本身具有高战略（市场）价值信息，这些团队是例外情况。

然而，最重要的是，管理层应该能够讨论他们需要讨论的所有话题，而不会因为话题敏感而感到他们无法公开发言。例如，在讨论可能影响员工工作的计划时，他们可能更愿意举行私密会议，在这种情况下，关上门可能更可取。我见过团队举行公开会议，允许感兴趣的干系人（员工、高管或运营团队成员）旁听。

也许我见过的最好的团队是荷兰商业银行。因为来自组织其他部门的人兴趣如此之高，实际上不时有人员参与旁听，于是他们不得不限制旁听人员的数量。他们真正设定了鼓舞人心的标准，既展示了这些会议的有效性，也展示了它们的开放性。你曾经参加过多少次管理团队的会议，因为它们既有趣又对同事开放?

确保房间内有足够的物料

为了使大部屋在视觉上对团队更具吸引力，你需要一些材料来帮助将普通纸张转换为有用的大部屋墙，以支持用户的认知性。你需要有在房间中创建视觉轮廓的设施，例如线条和框架。要确保你有足够的设施和材料来布置大部屋；将你需要的一切材料送到房间可能需要一些时间。

你需要什么样的材料才能将印刷品贴在墙上并以整洁而吸引人的方式展示它们呢？首先，你需要一台彩色打印机，尤其是如果你需要使用彩色打印表示各种信号功能时。即使你没有磁性白墙，你也需要以下材料：

- 分隔线（通常是 3 毫米宽的胶带，也可以是用于油漆作业的分割器）；
- 便签和笔；
- 重复粘贴胶棒；
- 白板和 / 或永久马克笔，最好有各种颜色。

如果你大部屋的墙壁是由磁性材料制成的，那么你也可以将磁性物品添加到材料列表中：

- 表情符号和警示标志形状的磁铁；
- 磁性框架（A3 或 A4），包含指标等，并使用红色或绿色信号颜色；
- 将纸张放在墙上的小磁贴（最好与墙壁的颜色相匹配，这样它们就不会太突兀）。

判断是否采用数字手段

你应该在大部屋中应用数字手段吗？信不信由你，存在一种偏见，即我们倾向于相信屏幕上的东西。但是，在大部屋中，一切都与人们的互动质量有关，而这种互动总是面对面的沟通效果最好。考虑一下观看在线培训视频或有真人培训师与你一起在房间里的情形，你能感知的参与度差异如何。但是，数字手段在大部屋的以下应用中非常有用：

- 单一事实来源，例如内部网页面，当你无法出现在真实房间中时，也可以找到大部屋中的所有报告。
- 一个类似于投资组合管理系统的信息系统，可以轻松过滤信息并深入研究某些问题，可以找到超出大部屋中显示的详细程度的链接和状态。
- 与小组进行音频 / 视频通话的方法（确保视频指向人们，以便他们可以读取非语音交流信息）。

再次强调，能在同一个房间里总是更好。此外，使用有形的纸张可以大大增强你与数据的关系，并留下更深刻的印象，因为这样会有更多的大脑部分参与进来，比如运动感知和触觉等。让我们以一些常见的误解来结束这一话题：

- 数字化记录行动比使用便签纸更快（实际上，使用便签纸要快得多）。
- 如果人们没有在便笺上清楚地写下他们的行动，那么当他们把行动录入数字系统时，行动将被更好地记录下来（这些行动会像以前一样难理解）。
- 如果人们没有在会议之前更新纸张上的信息的习惯，那么当他们在数字系统上工作时，他们也不会突然有这种习惯。
- 对于所有系统：错误输入会导致错误输出。如果你的工具很棒，但它加载了错误或有偏见的信息，它就毫无用处。

区分信息与沟通

拥有投资组合墙是否与拥有投资组合管理工具一样呢？事实并非如此。投资组合墙是一种沉浸式的沟通方式，它能提供信息的概述，而投资组合管理工具是一个信息系统，非常适合挖掘细节。对于这一点，请记住，两者可以并行使用，但它们具有不同的功能。有一件事是肯定的，如果你正身处大部屋中尝试理解什么，你最好可以自由地创建出概述，这些概述具有灵活性，可以完全支持这种学习。你不会希望受限于数字系统的格式和显示功能。

收集数据

虽然有些人正在研究房间的物理准备情况，但高管们正在收集数据，为最初的改进会议做准备。他们应该寻找：有助于定义目标的战略文件（这些文件将被填充到“引领成功的战略”看板）、如何交付价值的投资组合信息和如何驱动绩效的报告。

培训教练

如果你指定的教练在运用大部屋上没有经验，那么开始尝试对教练进行培训，让指定的教练跟上进度，这样他就可以从第一天开始引导大部屋会议的召开，并在使用大部屋的前十周内将团队成员的能力提高到基本水平。

步骤五：精炼信息

当精炼了团队使用的信息后，我们将立即开始构建物理大部屋。墙上的东西越快变得有形越好。下面是大部屋中创建相应看板的顺序示例。这不一定是一个线性过程（见图 5-3）。

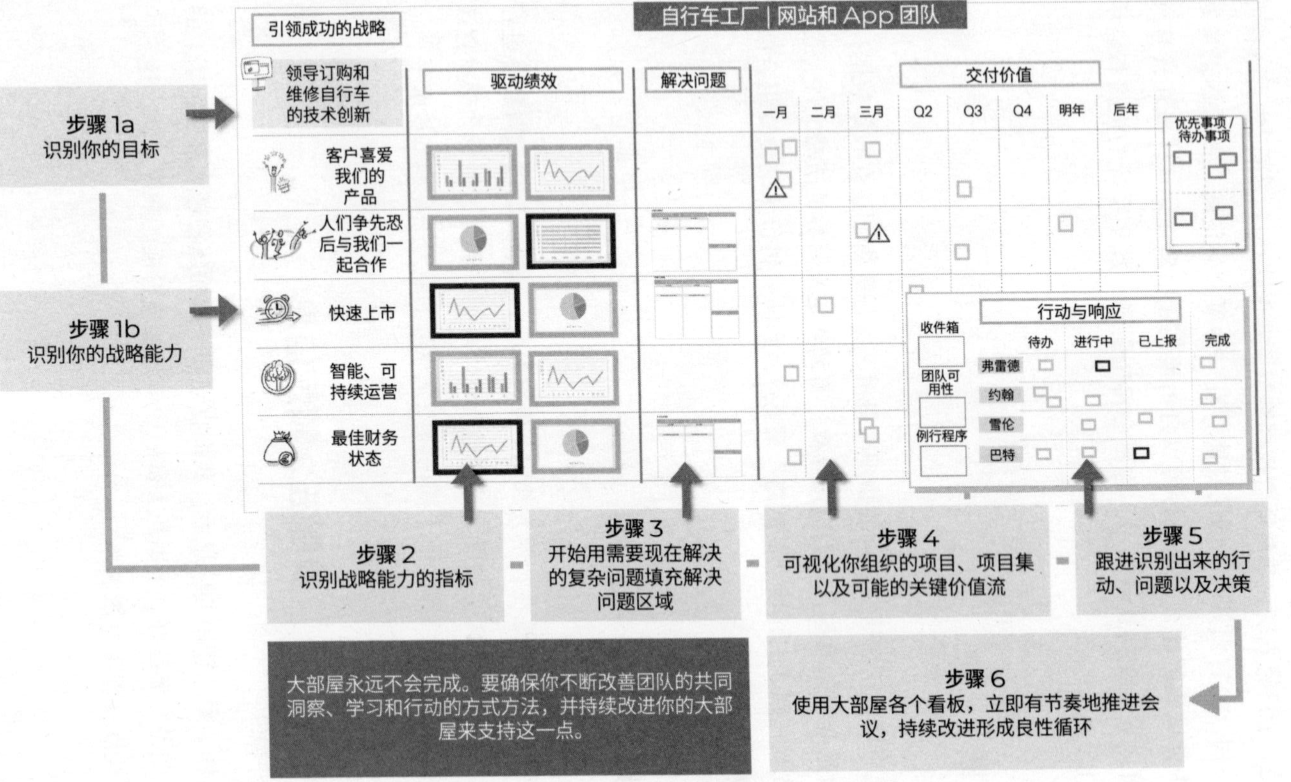

图 5-3 创建大部屋看板的步骤概述

将战略转变为“引领成功的战略”看板的内容

在此阶段，团队采取的第一步行动就是将当前战略转变为“引领成功的战略”看板的初始内容。此外，我们应该能够定义“驱动绩效”看板的战略能力，并在此时与我们的团队相关的颗粒度级别上定义“交付价值”看板的产品、服务、关键项目和计划。

这是通常未知或被忽视的领域，却是我们的团队将不得不认真投入智力的地方。花些时间把这件事搞定是先决条件，不要试图匆忙地花个把小时就草草收工，而应该花上至少半天仔细规划。

填充“交付价值”和“驱动绩效”看板

现在，团队已经针对重要内容创建了一个整体大纲，他们可以使用这个大纲来过滤他们要收集的可用数据。因此，那些已上报的但可能不相关的数据将被过滤，我们可以先把这些数据暴露出来，后续可以忽略它们。团队将使用相关的报告，并检查这些报告是否缺少相关信息。在填充墙壁上的内容和暴露问题的过程中，这只是第一步。这项工作很容易，一到两天就能完成，做好它就有了一个好的开始。

从一小部分可视化内容开始

从一小部分可视化内容开始的好处是，任何不可用的报告都将按照精益原则按需调用。如果有需求，它很可能会被使用。这样做的预期效果应该是，对于每一种战略能力，将至少有一份报告。如果团队希望深入了解报告的细节，以提高可操作性和责任感，如果它与优先挑战有关，那么这可能就是接下来要做的一件好事情。当然，任何新引入的报告都应该在推出的头几周内仔细审查，以确保它成为稳定、有价值的团队可以有效使用的报告。

如果大部屋房间内贴满了报告，而信息似乎又有些过时了，那么这时候可能需要从墙上撕下一些材料。报告过多既会造成管理负担过重，也会在视觉上扰乱团队成员的认知过程，他们可能会分心或浪费时间来争论报告为什么没有更新。

步骤六：启动会议

为大部屋内的每个看板都应用定期有序的会议模式将是管理者日程安排中的一个相当大的变化。最初，这似乎会涉及很多额外的会议。但是，从一开始就必须强调的是，这是我们计划的工作，而不是额外的工作。这些会议是你现有日程安排的替代品，而不是额外补充。而且，如果设置得当，管理者应该能够在预定的会议中完成所有管理任务，同时腾出时间和精力来引导和训练自己的团队。从本质上讲，管理者应该能够在类似的时间内做更多的事情，从而更有效地利用他们的时间。

一旦你安排了会议，你举行会议的方式就可能与以前召开会议的方式有很大不同。在许多传统会议中，议程是由首先想到的内容、最响亮的发言者或对会议引导者影响最大的人决定的。正如我们在本书第 2 章中所学到的那样，这可以通过我们的大脑是如何工作的来完整解释。

大部屋的深度思考

LEADING WITH OBEYA

为了更深入地了解大部屋的有效性，请思考：

1. **大部屋的价值是其墙面上的可视化内容，还是这些内容背后反映的团队工作方式？**
2. **你的大部屋墙面上的内容是否足以反映管理团队的工作方式、互动和对领导力及生**

产系统的理解？

3. **某个大部屋看起来凌乱或者整齐，是否会影响它的有效性？**
4. **你是否曾经仅凭大部屋的外观来判断其使用效果？**

大部屋帮助我们将更多的注意力集中于管理团队的对话上。我们必须谈论什么事情，以及我们应该首先谈论什么话题？这是你从启动大部屋的团队中能看到的第一个观察结果。

——史文·迪尔，敏捷教练

大部屋会议是更聚焦的会议，由于“系统思考和明确责权”原则，它应该为大多数团队成员提供具有相关性的信息。此外，它在会议开始时根据问题的影响和紧迫性来确定讨论问题的优先级，而不是遵循任何设法控制议程的人设定的议程。

也许，最重要的是，大部屋的会议不是为了进行冗长的辩论及发表个人看法，而是根据现有事实尽快采取行动和厘清责任。如果你想谈论内容，不要在内容上花超过 5 分钟的时间，它的目的是为每个人创造足够的背景来理解问题以及问题的背景信息，并同意最有价值的行动方案。如果需要更深入谈论内容以提出正确的行动，那么这通常只与团队中的两三个人有关，因此他们的行动将是安排后续讨论。

判断你的大部屋会议的节奏和例行程序是否适合现在的目标，只需要思考这个问题：你是否认为所有需要解决的问题都已经被及时处理，并且导致了有意义的行动。

> 当我们提出建议的时候，其中一名团队成员立即反对采用大部屋会议。但是，一旦我们解释了他实际上可以不去参加哪些会议，因为我们将用大部屋会议取代它们时，他就完全接受了。
>
> ——塞兹·希姆斯特拉，部落领导

采用定期有序的会议模式

在应用定期有序的会议模式时，请确保你关注那些与你的团队有关联的团队的会议。例如，确保运营团队可以首先召开站会，这样他们就可以把需要你支持的问题直接带到你在大部屋中的管理团队的站会上。这在会议之间创建了一个流程，支持快速、有效地解决问题。它可能类似于下面的日程示例（见图 5-4）。

直接进入会议

初步完成所需信息的整合提炼后，大部屋基本就可以投入使用了。保持这股势头很重要，因此请尝试在下周之前直接开始召开步骤三中承诺的会议。

此外，团队应该意识到，召开的头几次会议可能不会像他们预期的那样顺利。遵循例行程序确实与我们过去几十年来一直举行的形式自由的管理团队会议完全不同。正如我们在本书中所学到的，采用定期有序会议的想法是，你练习得越多，你就会做得越好。这就是我们追求的实践，即学习并改进。

如果可以的话，开始定期有序的会议，同时摆脱过去所有的旧式会议。它们共存的时间越长，在赢得时间和会议效率方面，你从中获得的真正价值就越少。教练和管理团队可以坐在一起，理清楚所有现有的会议，并计划如何以及何时用新的会议取代它们。

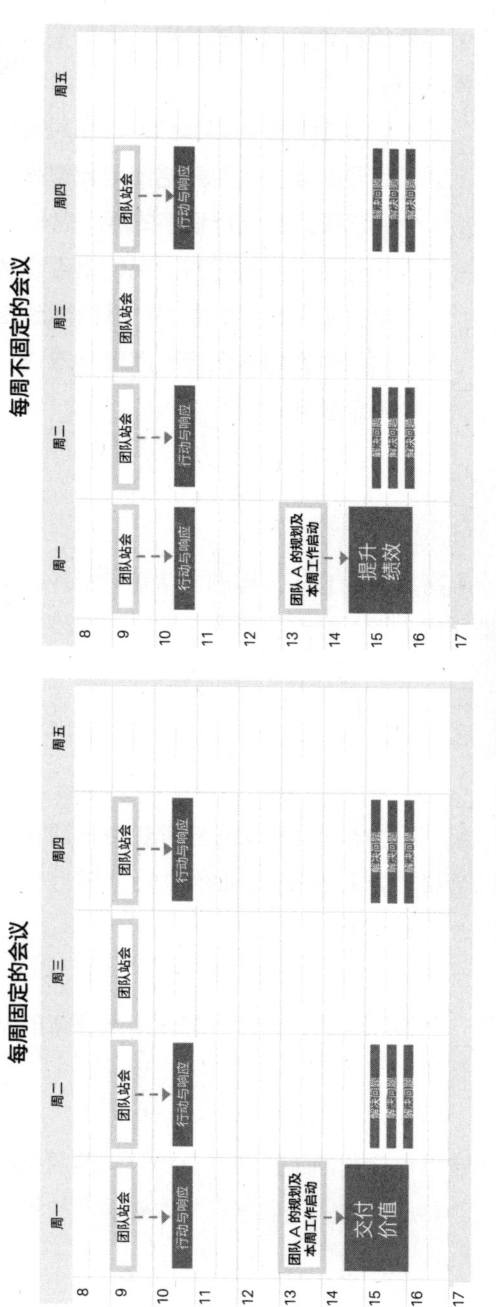

图 5-4　涵盖两层团队参与的议程示例

大部屋的深度思考
LEADING WITH OBEYA

用新模式代替旧模式之前，你需要思考以下 4 个问题：

1. 你知道精益中的守破离（Shu-Ha-Ri）吗？
2. 除非必要，在刚开始使用大部屋时不要改变已设定的例行程序的原因是什么？
3. 在改变一个流程时，我们是否需要先了解设置这个程序的原因，然后再改变它？
4. 如何对初始的例行程序进行改进，而不是完全放弃它们？

额外的教练支持

如果你还没有经验丰富的教练直接为你的团队提供服务，请尝试找一名经验丰富的影子教练辅导你。影子教练应留在后台，并与团队的指定教练讨论观察结果。

做一次回顾

“回顾”是一种会话，你也可以在 Scrum 等方法中找到它。这是个与整个团队定期重复进行的会议，会上团队会评估他们在一段时间内的工作成效以及下一段时间内必须改进的事项。

从一开始就要安排一次回顾会议，并作为快速启动方法的一部分，这么做在以下几个层面都会受益：

- 团队知道何时会评估自己的工作方式，所以他们将能够坚持直到该会议召开。与此同时，他们可以将改进事项放到大部屋的白板上。

- 你确信它会发生，并且不会因计划延误而延期。
- 按开会的节奏举行回顾会议可能很有用，这样团队成员就可以把他们的改进留到特定的时刻。这避免了每次会议都要对方法进行讨论。

看看你是否可以在执行会议例行程序大约 10 周后进行一次回顾会议。这应该能给团队足够的时间来学习如何将例行程序做到基本熟练的程度，体验到其中的好处，并了解是否需要改变一些例行程序或使用例行程序的方式。

确保以当场实施改进的方式进行回顾。不要急于在正常会议的基础上另行安排一个额外的半小时会议，而在便利贴上记录改进措施。这么做暗示了实施改进措施的优先级较低，并且改进行动可能无法在适当的时间内完成。管理团队的时间太宝贵了，不能浪费在无法得到实施的改进想法上！

第一次回顾会议大约需要 1.5 个小时，这并不丢人。通常，第一次回顾会议上，那些习惯于即兴解决问题的管理者可能会倾向于直接向团队提出解决方案，这可能导致会议变得情绪化和主观，变成了一个关于“谁的解决方案最好”的想法竞赛。解决方案则主要由一小部分团队成员进行落实。因此，对回顾会议进行充分的准备很重要：

- 使用时间盒式的会议议程。
- 从你为什么要做大部屋以及目标状态是什么开始，以确保改进措施集中在真正需要改进的东西上（而不一定是参与者可能想要的一些东西）。
- 确保采取改进心态来解决问题。避免模棱两可或有偏见的陈述，如“会议时间太长”或“我们不像以前那样有效”。通过从挑战和目标状态的角度以及查看事实数据的方式来处理这些抱怨。例如，如果你在步骤三中已经这样做了，请检查管理者之前的日程安排，看看需要多少时间。

- 确保在回顾期间有足够的时间实施改进（如固定时间间隔，或例行程序的改变等）。无法立刻实施的改进举措应标记上行动负责人以及截止日期。

先掌握正确的基础知识

也许在大部屋中要记住的最重要事情是，你不能挑三拣四，必须学会在你改变任何东西之前了解人们是如何协同工作的，否则你将把系统带向毁灭。在精益中，有一种叫做“守破离”的东西，指的是人们在学习新的工作方式时所经历的理解水平：

- **是什么（守）**。了解你需要做什么。它始于信任标准的工作方式，并遵循该标准，没有（无意的）偏差。其目标是使该标准变成团队的自动化行为，以便可以正确而有效地遵循。在这个阶段，聚焦于信任并遵循标准，不要改变标准。
- **如何做（破）**。了解标准在系统内的工作原理。它对我们想要实现的目标的结果有什么影响？我们开始看到正在使用的标准的价值，几乎可以闭着眼都能很好地遵循它。在此阶段，如果你看到了问题，可以进行小幅度的改进，但前提是你确定自己没有破坏系统的其他部分。
- **为什么（离）**。理解为什么。我们已经跨越了只看到结果的阶段，而是理解了我们为什么以这种方式做事。我们了解系统是如何在环境内外的所有元素中运行的。我们遵循标准。在这一点上，我们可以发起并训练更具影响力的改进行动，同时意识到它们对人员、流程、组织和整个价值链的影响。

我经常看到的是，人们想要使用大部屋，因为它是热门的和正在流行的技术。就像 Scrum、敏捷和 Spotify 的工作方式一样。这就像一个新的趋势，人们觉得他们应该遵循它，以表明他们处于市场发展的前沿。我认为更多的团队应该首先考虑他们想要实现的目标，并在此基础上考虑合适的工具或方法。每个工具都有不同的秘诀和对团队动力的影响。选择错误的工具来解决问题可能会对团队的绩效产生负面影响。

——李恩德特·卡尔福斯贝科，IT 经理

步骤七：持续改进

你做到了！你成功度过了使用大部屋的适应阶段。现在，是时候检验你是否真正掌握了持续改进的行动秘诀。

请记住，在大部屋中没有什么事情是一劳永逸的，因为我们始终在不断改进！此外，能力永无止境。持续改进旅程将带你去到必须去的地方，并且永远不会终止。好消息是你踏上了一段（甚至）更好地实现职业生涯目标的旅程！

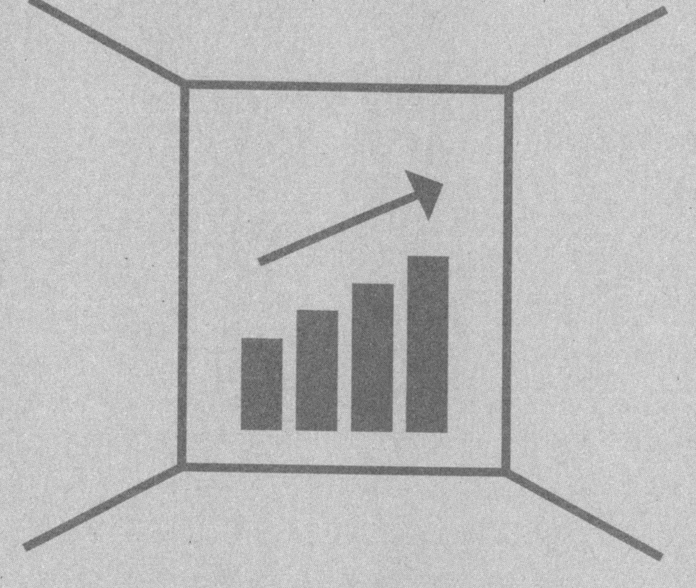

结 语

让组织快速对齐战略、聚焦重点、提升绩效

教练与引导者的必要性

传统会议存在很多浪费，这些浪费对个人和组织有负面影响。此外，参会者因为会议乏味、冗长满意度也很低。

在大部屋中，参与者站立以保持活跃，并且主题是根据价值的优先级而不是单个成员的重要性来提出的。在你将传统会议转变成大部屋会议期间，让我们来看看二者之间的一些差异（见表 E-1）。

表 E-1　传统会议与大部屋会议

传统会议	大部屋会议
聚焦于内容，与团队一起集体决策	聚焦于决策者的过程和行动（然后决策者可以做出决策）
讨论的优先顺序由引导者认为最重要的内容来确定	优先讨论对客户价值影响最大的内容（问题优先）
在下次会议期间回顾上次确定的行动	在站会中频繁监控确定的行动，因此这些行动始终在推进中

续表

传统会议	大部屋会议
在会议前（或会议中）发送报告或演示文稿	可视化信息始终在房间内呈现
有些会议是临时的，有些是定期的，但几乎不能按时结束	除内容所有者之间的内容会议外，所有会议都是预先安排的，并能按时结束

改变传统的开会方式

一旦开始了大部屋会议，你会希望在与团队成员的互动和决策方面有尽可能多的增值时间。这意味着参与者应该事先做好准备。他们了解会议室中的最新信息，获得了最新的发展情况，并对他们想要解决的问题进行了梳理。

在大部屋会议中最无效的做法之一就是在会议开始后才第一次阅读墙上的可视化信息。这使准备好了的参与者被迫等待，而缺乏准备的成员可能提出一些未经深思熟虑的问题或假设，以弥补缺乏准备的情况（以及认为管理者应该拥有所有答案的信念）。此外，如果管理者事先准备，他们可以准备好问题，如果发现任何不对劲的地方，他们可以进行背景调查。这反过来又避免了讨论墙上可视化信息的合理性。

会议的增值之处并非来自大家在同一个房间里一起阅读信息，而是大家可以通过对话来共享背景信息、识别问题并就解决这些问题的行动和决定达成一致。

当某个人在大部屋中向其他人解释某种情况的发展，同时在物理上将有关工作的部分信息从一个地方移动到另一个地方的时候，会在我们大脑中创造最强烈的意义和记忆体验。这种可视化信息的放置遵循一套视觉化的指导原则（例如，从 7 月到 9 月的时间范围），并附有该工作部分的背景信息解释文字，可能通过图标或绘画的方式来强调其含义（见图 E-1）。

图 E-1　在大部屋对话中使用动作、指向和语气来对信息进行多重强调

引导团队做出高质量决策

做出高质量决策并不像看起来那么容易。在决策过程中通常有许多解释和假设，特别是当你之前没有参与讨论时。有时，讨论可能非常激烈，以至于在做出任何真正的决策之前每个人都想转移话题，这可能导致决策质量受损。因此需要引导者帮助团队做出高质量决策。以下是引导者需要掌握的几个关键原则：

- 基于事实，而不是意见或假设来做出决策。
- 响应那些可以在大部屋中观察到的可视化信息，而不是无法验证的假设。如果决策依赖某种类型的信息，那么需要在大部屋房间里持续更新这种信息，以便能够做出正确决策。

- 在可以采取行动的共识下，指定行动的负责人（谁），以及完成行动的标准（行动完成后要达到的状态）。
- 检查是否需要团队或其他人的支持，以确保决策能够被付诸实践。

避免虚假同感偏差

你是否曾经参加过讨论上次会议的会议？有人声称“这不是我们商定的结论”，突然，每个人都抬起头来，回忆起他们对商定内容的解释。通常，至少有一两个人对商定的内容有不同的记忆。这就是模棱两可的共识造成的后果。

为避免虚假同感偏差，团队在引导者的帮助下可以在一个蓝色的、宽的便利贴上将每个决策写成一个完整的句子，然后把它贴在墙上，来标记每一个决定。最好在讨论结束时立刻这样做，并大声宣读决策，以免大家日后对决策的内容产生误解。一旦达成协议，就可以将其放在行动板的“协议”部分，或者团队同意的大部屋中的任何其他可见位置。

满足审计跟踪需求

几年前，我曾主持过一个大部屋会议，出于合规原因，团队被要求对决策进行审计跟踪。该团队询问如何处理这个问题，因为我们当时用白板上的蓝色便签记录管理团队做出的决策，而不是通过电子邮件。在与合规官讨论了各种选项后，我们找到了一个简单的解决方案。对于那些影响客户、导致重大投资或引起媒体关注的最高级别的决策，我们要么通过电子邮件与团队共享，要么通过拍摄决策的照片或在电子邮件中描述它们。这一简单的行为就足以满足审计跟踪的要求。此外，该团队发现，他们的决策中只有一小部分需要审计跟踪，无需完整而正式地记录高管们做出的每一个决策，这为他们节省了大量精力。

通过研究便签上的决策策略，该团队不仅发现使用便签可以代替正式日志记录，而且其中对策略的澄清也减轻了他们的行政管理负担。

找一个教练，成为绩效最优的团队

有教练并不意味着你没有能力做好自己的工作，但是没有教练将限制你的快速成长。如果你是组织中表现最好的人，你可能会把系统 2 的大部分内容用于救火和完成工作，而个人反思则被日常琐事推开了。

每支运动队都有一名教练。看到别人身上的缺点总比看到自己身上的缺点更容易一些，而且，我们并不总是能够意识到自己的实际行为与我们想要的行为之间的偏差。有时我们想要打破旧习惯，如果我们不想，我们可能会给自己一个温和（或强烈）的提醒。也许我们需要意识到那些自己都不知道的习惯。

并不是所有人天生就喜欢教练。通常表达出来的拒绝理由有“我能从这个人身上学到什么”“我太忙了，无法找教练”“我一个人工作得最好”。在传统管理风格中，管理者可能被期望是无所不知的，这种观念可能导致管理者感到压力。我们退后一步，鉴于学习是我们工作的一部分，是分内之事，我们应该放弃必须知晓一切的信念，承认自己的局限性，并寻求通过学习和教练来克服这些局限性。这不仅可以帮助我们成为更好的管理者，还可以帮助我们成为教练，这样我们就可以反过来训练团队成员。

一个帮助周围人的有效管理者，应该做任何优秀教练都会做的事情，即提出问题，指导学员完成学习过程，意识到自己的行为，并找到一条通往学习目标的道路。与此同时，有效管理者鼓励学员应用新的方法来看待问题，这样他们就能学会避免偏见，并开始结构化地解决问题。通过这种方式，他们成为更具创造力和技能丰富的问题解决者，并有效地将这种技能传递给组织中的其他人。

在大部屋中训练团队实际上非常简单直接，如果你的系统内已经根植了例行程序和持续改进的思维方式，那么通过几年的实践，你就能成为一名有效的大部屋教练。

拥有个人和团队教练方面的相关知识和从业经验是一个很大的优势。如果你的组织中还没有这些技能，那么聘请一个外部教练将会帮助你快速入门。但目标状态必须是，教练技能成为组织内部发展起来的一种技能和能力。你可以让一组内部专职教练帮助你，但请记住，教练技能应该是领导技能的一部分，这样你就可以扩展自己的领导力。

训练和引导管理团队可能是一项艰巨的挑战，特别是对于那些风风火火的口头思考者和阿尔法型管理者[①]来说。重要的是要不断反思（团队）行为并帮助团队有效地完成日常工作。

毫无疑问，人们需要花费 5 年时间才能成为真正的教练。丰田长期以来一直在使用这种模式，从内部培养管理和教练能力，而不是从外部招聘管理者。他们可能是世界上最大的具备教练能力的管理团队。

在虚拟大部屋中远程协作

大部屋的设置和使用应该有助于我们的大脑进行有效的决策。在物理的

① 阿尔法型管理者的概念来自动物世界，指的是一个群体的管理者，通过凌驾于其他人之上而成为管理者。在这种情况下，阿尔法管理者不仅在物质上，而且在言辞上占据主导地位，固执己见，并使用惩罚（愤怒）和奖励行为对待他人。

大部屋空间中，我们可以一起体验洞察、学习和行动，这种共同体验有助于增强团队的协作。

当我们一起站在一个房间里时，语言和非语言交流以及墙上可视化信息的强大效果最为有效。这就是大部屋产生魔力的地方。但是，当我们无法站在同一个房间里时该怎么办？

在虚拟化和团队交互方面，我们应该区分大部屋的 3 种形式：

- **本地大部屋。**处于同一个地理位置的物理房间中，管理团队可以亲自参会。信息可以通过物理方式或数字方式呈现（人们偏好第一种方式）。
- **混合大部屋。**人们可以在房间里见面，也可以通过视频会议见面。可以通过该视频会议访问物理房间，也可以虚拟和 / 或物理地镜像到另一个位置。为了让远程参与者能够查看墙上的信息并与之交互，可以创建一个中央（数字）信息存储库，或者创建一个看起来与真实大部屋相同的虚拟大部屋。
- **虚拟大部屋。**房间仅存在于虚拟空间中，没有物理的大部屋房间，人们通过视频和交互式虚拟大部屋工具远程参与。在这种情况下，重要的是，虚拟大部屋看起来和感觉要尽可能像真实大部屋。这就要求不同来源（信息系统）的信息在中央“墙”上共享，该“墙”旨在实现如本书所述最佳的视觉流动。

看看以上这 3 种形式，团队在房间里工作，与纸质内容进行交互是首选。当人们可以身处同一个房间里时，他们联系和互动得最好。就处理墙上的信息方面，纸张和白板墙上的丰富交互、更新速度和使用便捷性可以在屏幕上得到增强，但它们根本不在同一水平上。但你可能别无选择。因此，如果你确实转向混合或虚拟大部屋，那么需要注意些什么呢?

使用背景信息共享系统使虚拟大部屋与物理大部屋保持一致

当走进物理大部屋时，你会觉得自己走进了使用它的管理团队的集体视觉思维空间。当你查看电脑屏幕上的 Excel 工作表、演示文稿和投资组合工具时，你不会有与走进物理大部屋同样的感觉。虽然这些数字可能会捕获并可能成为你在真实大部屋中看到的信息的来源，但神奇之处来自如何将这些信息提取、可视化并放置于大部屋中的其他一切事物的背景之中。

但是，如何让你的虚拟大部屋看起来更像真实的大部屋呢? 可以通过“背景信息共享系统”来完成。除了那些“信息系统”的存储、处理和呈现特定信息的功能，这些背景信息共享系统在设计时还特别考虑了可视化管理的使用功能。它们从空白处开始，就像物理白板或普通的白色墙壁一样。然后用户可以添加线条、结构体、图片以创建和真正的大部屋相同的视觉结构。添加内容通常就像将图片、PDF 文件或 Excel 工作表拖放到虚拟的大部屋结构上一样简单。最后，可以添加团队成员，他们可以更新自己的信息，主持会议并邀请其他访客进入大部屋。引导人们在类似白板环境中进行背景信息共享的工具，包括 i 大部屋、Miro、Mural 和 Nureva。

如果你设法让虚拟大部屋和物理大部屋看起来很相似，这对团队有益，因为他们可以凭借对大部屋的先验知识和空间记忆，立即知道信息放在墙上的什么地方。它将大大提高大部屋的易用性，从而促进虚拟大部屋的应用。同时，保持虚拟和物理大部屋的一致性可以最大化使用大部屋可视化管理结构的好处。如果你的团队部分或大部分由远程参与者组成，那么付出精力去创建和维护虚拟大部屋是值得的。

不要认为同时维护虚拟和物理的大部屋需要花费大量时间，因为所有信息都已经在大部屋墙上（无论是虚拟的还是物理的）展示了，这些信息的跟踪变化主要应该在会议期间完成。它们可以由有能力的引导者捕获和管理，确保这些实时变化都能及时更新到物理大部屋和虚拟大部屋中。

确保有出色的音频和视频

尽管看起来微不足道，但在线对话中拥有出色的音频和视频确实为团队增值不少。这很重要，原因有二：

- 团队在逼真的条件下看到和听到彼此的能力越强越好，因为这将促使团队成员尽可能多地保持“联系和互动”。因此，需要使用适当的灯光照明、良好的相机和清晰的声音设备来创建一个体验绝佳的站会。你越能让它看起来就像你站在同伴旁边，就越好。通常可以通过“镜像”的方式来增强这种效果，例如，你可以在对话线路的两端布置相同的房间，在墙壁上布置相同的信息、图表等。你的屏幕将“镜像”你自己的房间，这增强了团队“在一起”的感觉。
- 重要的是要避免与大部屋会议无关的任何音频和视频方面的干扰。任何声音或视觉干扰，都会直接从你和会议中的其他人的头脑中夺走宝贵的处理能力。这种处理能力的消耗可能在大家都没意识到的情况下发生，也可能非常明显，但都会使你在线上对话期间非常疲惫。例如，由于其中一个参与者没有将麦克风静音，致使背景噪声太大，你们无法再听到对方的声音。

音频和视频的良好使用归根结底就两件事：一是人们拥有合适的设备和

合适的物理空间来开展在线对话；二是人们了解硬件和软件的功能并能够使用它。

管理层应该投入时间和金钱为与会者提供合适的设备，也应该为每个人提供如何使用这些工具的基本功能的培训，以确保团队能够以最好的方式参加大部屋会议。

提供适当的引导

当你需要在线协作时，安排一个有能力的引导者很重要。这位引导者需要具备对相关工具的全面了解，以便帮助团队成员有效使用工具。引导者还可以使用通信工具召开和管理会议，并帮助团队成员与大部屋中的信息进行交互。

通过我们之前讨论过的背景信息共享系统，引导者通常具有额外的引导“设备”，例如计时器或将所有参与者召集到大部屋特定区域的能力。会议期间，需要特别关注的是确保与会者积极参与，确保他们都有机会发言，以及确保采取的行动和做出的决定被适当地放置在指定区域，等等。混合和虚拟大部屋正在取得巨大的进步，在增强现实和虚拟现实等技术方面将有更多的发展。

有效使用大部屋的 8 个提示

根据我的经验和与大部屋教练们及管理者的对话，这里有一些提示可以帮助你避免掉入某些陷阱。请注意，前文已经讨论了许多陷阱和提示，因此这不是一个完整的列表。

提示 1：确保管理层和员工的参与度

这堵墙上的信息必须反映团队对系统如何实现其战略目标的理解。如果团队不参与进来，它就不可能实现。尽力引导团队以促成尽可能多的共创。运营团队的参与也是如此。如果他们每天都在辛苦工作，但无法将其工作与大部屋中的信息联系起来，那么你就丧失了级联的核心要点。

提示 2：通过透明度建立信任

管理团队应该积极主动地与团队成员沟通他们采用大部屋的意图。如果组织中缺乏信任，例如，当 KPI 像过去那样被当作奖励或惩罚的工具时，那么可以确信的是，团队将会以极其怀疑的态度看待大部屋计划。管理团队的直接目标应该是通过透明度建立信任。如果你想让团队取得成功，这可能就是转型的关键所在，而在曾被滥用于裁员的精益或敏捷转型中尤其如此。

提示 3：避免选择性采用大部屋

当你转变工作方式开始使用大部屋时，请确保对大部屋的期待是明确的。你可以使用大部屋行为模型来解释管理团队一起使用大部屋的目标状态，以便团队成员了解工作方式的差异以及它对当前工作方式的影响。

大部屋需要全员参与进来。根据我的经验，挑选个别看板开启大部屋是无效的，例如，首先启动“行动与响应”看板，然后创建“驱动绩效”看板等。并且这还会导致使用大部屋开展合作所带来的有效性和已承诺成果的快速衰减或完全缺乏。

如果你以部分看板开启大部屋，人们将无法完全理解大部屋的工作原理，并且会觉得这么做对他们的好处有限。如本书所述，需要系统采用大部屋对齐工作法。如果你只选择该系统的一两个组成部分，会发现整个大部屋系统将无法工作。

在我的经历中，有一次，我应高管的要求启动了大部屋中的“行动与响应”看板，3 周后团队中的一位管理者轻描淡写地说：“大部屋对我们没用，我没有看到它的附加值，我们应该切换回传统的运作方式。”我意识到这位管理者不知道大部屋是什么，尽管我已经对每个人都详细介绍了这个概念。毕竟，仅启动“行动与响应”看板时，我们只采用了大部屋 1/5 的看板！事情还没有开始，这个概念就因管理者的担心而被认为是失败的，而管理者又对他的团队产生了很大的影响。我们的底线是：确保团队知道他们自己在做什么，并为未来的旅程设定期待。

提示 4：有序整合与结构化呈现信息

大部屋的可视化管理旨在支持团队的工作。把你能找到的每一条信息都放在墙上是没有用的，因为这会导致信息泛滥且缺乏结构。应当以结构化和可接受的方式连贯地整合、呈现和使用信息，以便团队能够有效地处理这些信息。

团队消化信息的能力应该是决定可视化信息多少的主要衡量标准。我曾听到某个访客声称他们正在参观的大部屋太复杂了。但同样，当该大部屋的管理团队定期在该房间里工作时，他们的大脑熟悉这些信息，因此更容易看到其中尽可能多的内在结构和关联逻辑。但是，对于所有刚入门的新团队来说，最好的办法就是从非常基本的信息开始，并以团队所有成员可接受的程度，在前进的过程中逐步构建和扩展这些信息。

提示 5：警惕陷入极端

事无巨细的讨论可能会导致超大规模的大部屋，其中包括从管理团队到一线生产团队的过多细节。因此，需要频繁地更新而不是为团队创造价值，这也为组织带来了管理负担。与此同时，试图保持（太）小规模大部屋的团队可能会发现自己只能查看大部屋中的更新区域，无法直观地识别出问题、问题来源或问题的负责人，因此无法进行富有成效的会议，因为他们所能做的就是猜测哪里有问题或潜在改进措施实际上放在哪里。

信息的正确选择主要取决于目标、参与者、背景和大部屋的下游区域。建立了信息基线之后，随着团队逐渐习惯于墙上的信息并更多地使用它，他们会发现自己有心智空间来处理更详细的信息，这将有助于大部屋达到一个有意义和可管理的水平，在这个水平上，大部屋可以产生更大的影响。显然这种影响会随着时间的推移而增长，因此建议从团队获得与目标相关的情况概览这一级别开始，然后通过识别问题来检查在其可视化级别上是否需要更多的详细信息。

提示 6：避免无效讨论

如果墙上的信息没有更新，或者大家对其正确性有疑问，应该立即找出导致报告延迟或错误的根本原因，并确保在下次会议上解决这个问题，这样做可以避免团队浪费时间做无效的讨论。如果信息是正确的，但有些问题需要进一步深入研究其实际情况以提供合适的答案，那么应该尽快完成讨论，并就达成共识的数据做进一步澄清。如果这些行动已在行动板上注明，则团队可以在下次会议之前跟进其进度。

为了避免内容争议，应该让内容所有者自己放置（或至少负责放置）自己负责的信息。真正的挑战是如何使用视觉工具来支持团队对话，帮助他们清晰了解在实现其战略目标的道路上当前处于什么位置，当然，要在过程中发现并解决任何问题。

提示 7：确保墙上的信息能为会议增值

持续关注大部屋中可能的浪费是一种有用的重复练习。我曾目睹过有团队每周花费一个小时来更新他们的投资组合墙，而在投资组合会议期间大家却没有花一秒钟使用甚至看它们一眼。那么为什么要更新信息呢？为了避免将无价值的行政负担从传统的演示文稿报告转移到大部屋墙上，让我们记住为什么首先要将信息放在墙上：

- 了解进展，并为实现我们的战略目标而创造背景信息，以及与团队成员保持同步。
- 识别必须改进的问题，以便更好地实现我们的目标。
- 学习和提高，以便有能力去实现我们的目标。

一旦在团队中建立了以上认知，内容所有者必须履行其责任，真正地更新、改进和呈现信息。这项责任可以委派给别人，但内容所有者必须始终能够向其他参与者解释视觉对象的来历以澄清背景信息。如果做不到这样，将会造成会议的浪费（多次开会），从而浪费其他团队成员的时间。

关键是找到真正重要并为会议增值的正确信息。当信息被用于更新和在讨论期间支持背景信息时，最重要的是用于识别问题时，你会注意到这种情况。例如，在讨论某个功能或者里程碑阶段的延迟时，人们会期望参与者仔细观察投资组合墙，以确定该里程碑阶段的延迟交付可能对其他里程碑阶段产生的影响。

提示 8：与现有治理模型链接

管理组织的方式与如何分配责任和相关权限有关。这些事项分布在角色、流程、政策中，并在临时性或结构性会议中得以贯彻。在大部屋中，在这个层面，你的治理模型不会有太大变化，尽管谁负责什么，谁应该参加什么会议可能会变得更加明显。但在会议结构方面，肯定会有一些变化。此外，你将希望在这些会议中分配权限，以便可以快速做出决策，或者将决策提升到可以快速采取行动的水平。

Toyota (2017). “The Story Behind the Birth of the Prius, Part 2” , https://global.toyota/en/ detail/20209735

Greimel, H. (2012). “Takeshi Uchiyamada helped pilot Toyota through turbulent times” , https://www.autonews.com/article/20120521/OEM02/305219959/takeshi-uchyamada-helped-pilot-toyota-through-turbulent-times

Sutherland, J. (2008). “The First Scrum: Was it Scrum or Lean?” , https://www.scruminc. com/is-it-scrum-or-lean/

Lamonte, B. & Niven, P. R. (2016). *Objectives and key results: driving focus, alignment, and engagement with OKRs*, John Wiley & Sons, Hoboken, NJ.

Wikipedia.org, https://en.wikipedia.org/wiki/Strategy

Slightly adapted from: Johnson, S. (2019). “What is the Meaning of Organizational Strategy?” , https://smallbusiness.chron.com/meaning-organizational-strategy-59427.html

Rigby, D. & B. Bilodeau (2018). “Management Tools & Trends” , https://www.bain.com/ insights/management-tools-and-trends-2017/

Kruse, K. (2012). “What is Employee Engagement” , https://www.forbes.com/sites/kevinkruse/2012/06/22/employee-engagement-what-and-why/

Beck, R. & J. Harter (2014). “Why Good Managers Are So Rare” , https://hbr.

org/2014/03/why-good-managers-are-so-rare

Wiegel, T.P. (2020). Leadership Systems Survey 2020.

Psychology Today, https://www.psychologytoday.com/intl/basics/burnout

Wiegel, T.P. (2020). Leadership Systems Survey 2020.

Kim, G. & P. Debois et al. (2013). *The DevOps Handbook: How to Create World-Class Agility, Reliability, and Security in Technology Organizations*. IT Revolution Press, Portland, OR.

Larman, C. "Larman' s Law of Organizational Behavior" , https://www.craiglarman.com/ wiki/index.php?title=Larman%27s_Laws_of_Organizational_Behavior

Stofberg, B. (2017). *Iedereen kan innoveren. Stuur op innovatievermogen en niet op innovatie*. Uitgeverij Haystack, Zaltbommel, NL.

Taleb, N.N. (2012). *Antifragile: Things That Gain from Disorder*. Random House, New York, NY.

Volksgezondheidszorg.info, "Toekomstige trend overspannenheid en burn-out door demografische ontwikkelingen" , https://www.volksgezondheidenzorg.info/onderwerp/ overspannenheid-en-burn-out/cijfers-context/trends#node-toekomstige-trendoverspannenheid-en-burn-out-door-demografische-ontwikkelingen

Robbins, S. & T.A. Judge (2013). *Organizational Behavior*. Pearson, London, UK. p.11, reference 13.

Kahneman, D. (2006). *Thinking, Fast and Slow*. Farrar, Straus & Giroux, New York, NY.

Benson, B. (2016). "Cognitive bias cheat sheet" , https://medium.com/better-humans/cognitive-bias-cheat-sheet-55a472476b18

Horgan, S. (2016). "Defeating the Delmore Effect" , https://seanhorgan.wordpress.com/ 2016/10/25/defeating-the-delmore-effect/

Wikipedia.org, https://en.wikipedia.org/wiki/Hyperbolic_discounting

Kahneman, D. (2006). *Thinking, Fast and Slow*. Farrar, Straus & Giroux, New York, NY.

Bocian K. & B. Wojciszke (2014). "Self-Interest Bias in Moral Judgments of Others'

Actions”, https://journals.sagepub.com/doi/abs/10.1177/0146167214529800

DeAngelis, T. (2003). “Why we overestimate our competence”, https://www.apa.org/monitor/feb03/overestimate

Attolico, L. (2018). *Lean Development and Innovation: Hitting the Market with the Right Products at the Right Time*. Routledge, London, UK.

Wikipedia.org, https://en.wikipedia.org/wiki/Motivational_salience

Franco-Santos, M. & M. Bourne (2008). “The impact of performance targets on behaviour: A close look at sales force contexts”, https://dspace.lib.cranfield.ac.uk/bitstream/handle/1826/4222/Impact_of_performance_targets_on_behaviour.pdf;sequence=1

Franco-Santos, M. & M. Bourne (2008). “The impact of performance targets on behaviour: A close look at sales force contexts”, https://dspace.lib.cranfield.ac.uk/bitstream/handle/1826/4222/Impact_of_performance_targets_on_behaviour.pdf;sequence=1

Haslam, S.A., S.D. Reicher & M.J. Platow (2010). *The New Psychology of Leadership: Identity, Influence and Power*. Psychology Press, London, UK.

Haslam, S.A., S.D. Reicher & M.J. Platow (2010). *The New Psychology of Leadership: Identity, Influence and Power*. Psychology Press, London, UK.

Robbins, S. & T.A. Judge (2013). *Organizational Behavior*. Pearson, London, UK.

Wiegel, T.P. (2020). Leadership Systems Survey 2020.

Gharajedaghi, J. (2006) *Systems Thinking: Managing Chaos and Complexity: A Platform for Designing Business Architecture*. Morgan Kaufmann, Burlington, MA.

Taleb, N.N. (2012). *Antifragile: Things That Gain from Disorder*. Random House, New York, NY.

Elmansy, R. (2017). “How to Create the Systems Thinking Diagrams”, https://www.designorate.com/system-thinking-diagrams/

Witten, I.B. & E.I. Knudsen (2005). “Why Seeing is Believing: Merging Auditory and Visual Worlds”, https://www.cell.com/neuron/fulltext/S0896-6273(05)00885-8

Wikipedia.org, https://en.wikipedia.org/wiki/Visual_system

Robbins, S. & T.A. Judge (2013). *Organizational Behavior*. Pearson, London, UK.

Robbins, S. & T.A. Judge (2013). *Organizational Behavior*. Pearson, London, UK.

Todd, J.J. & R. Marois (2004). "Capacity limit of visual short-term memory in human posterior parietal cortex", https://www.nature.com/articles/nature02466

Masai, P. (2017). "Modelling the Lean organization as a complex system. Computational Complexity".

Rother, M. (2009). *Toyota Kata*. McGraw-Hill, New York, NY.

Gladwell, M. (2018). "Malcolm Gladwell Demystifies 10,000 Hours Rule", https://www.youtube.com/watch?v=1uB5PUpGzeY

Liker, J.T. (2004). *The Toyota Way, 14 Management Principles from the World's Greatest Manufacturer*. McGraw-Hill, New York, NY.

Kahneman, D. (2006). *Thinking, Fast and Slow*. Farrar, Straus & Giroux, New York, NY.

Sutherland, J. & B. Bennett (2007). *The Seven Deadly Wastes of Logistics: Applying Toyota Production System Principles to Create Logistics Value*.

Taylor, F.W. (1911). *The Principles of Scientific Management*. Harper & Brothers, New York/London.

Deming, W.E. (1993). *The New Economics for Industry, Government, and Education*. MIT Press, Cambridge, MA. p.135.

Chakravorty, S.S. (2010). "Where Process-Improvement Projects Go Wrong", https://www.wsj.com/articles/SB10001424052748703298004574457471313938130

Shook, J. (2008). *Managing to Learn: Using the A3 Management Process to Solve Problems, Gain Agreement, Mentor and Lead*, Lean Enterprise Institute US, Boston, MA.

Rother, M. (2009). *Toyota Kata*. McGraw-Hill, New York, NY. p.17-18

devopsdays Detroit (2017), September 28

Hutchins, D. (2008), *Hoshin Kanri, The Strategic Approach to Continuous*

Improvement, Routledge, London, UK.

Marquet, L.D. (2013). *Turn the Ship Around!: A True Story of Turning Followers into Leaders*. Portfolio, New York, NY.

McDermott, R. (1980). “Profile: Ray L. Birdwhistell” , *Kinesis report*, v.2, no.3.

Greimel, H. (2012). “Takeshi Uchiyamada helped pilot Toyota through turbulent times” , https://www.autonews.com/article/20120521/OEM02/305219959/takeshiuchiyamada-helped-pilot-toyota-through-turbulent-times

Buckingham, M. (1999). *First, Break All The Rules: What the World’ s Greatest Managers Do Differently*. Gallup Press, Princeton, NJ.

Sinek, S. (2009). *Start with Why: How Great Leaders Inspire Everyone to Take Action*. Penguin Random House, New York, NY.

Lencioni, P. (2002). *The Five Dysfunctions of a Team: A Leadership Fable*. Jossey-Bass, Hoboken, NJ.

Johnson, G., K. Scholes & R. Whittington (2009). *Fundamentals of Strategy with MyStrategyLab*. Prentice Hall, Upper Saddle River, NJ.

Kniberg, H. & Ivarsson, A., 2012, ‘Scaling Agile @ Spotify with Tribes, Squads, Chapters & Guilds’ , blog.crisp.se

Department of Trade and Industry (2015). “Achieving Best Practice in Your Business: Quality, cost, delivery: measuring business performance” , https://www.industryforum.co.uk/wp-content/uploads/sites/6/2015/07/QCD.pdf

Deming, W.E. (1993). *The New Economics for Industry, Government, and Education*. MIT Press, Cambridge, MA. p.135.

Ridgway, V.F. (1956). “Dysfunctional Consequences of Performance Measurements”, *Administrative Science Quarterly*, vol.1, no.2, p.240-247.

Ries, E. (2013). *The Lean Startup: How Today’ s Entrepreneurs Use Continuous Innovation to Create Radically Successful Businesses*. Currency, New York, NY.

Shook, J. (2008), *Managing to learn: using the a3 management process to solve problems, gain agreement, mentor & lead*, Lean Enterprise Institute US, Boston, MA.

Pink, D. (2009). *Drive: The Surprising Truth About What Motivates Us*. Riverhead Books, New York, NY.

Kahneman, D. (2006). *Thinking, Fast and Slow*. Farrar, Straus & Giroux, New York, NY.

未来，属于终身学习者

我们正在亲历前所未有的变革——互联网改变了信息传递的方式，指数级技术快速发展并颠覆商业世界，人工智能正在侵占越来越多的人类领地。

面对这些变化，我们需要问自己：未来需要什么样的人才？

答案是，成为终身学习者。终身学习意味着永不停歇地追求全面的知识结构、强大的逻辑思考能力和敏锐的感知力。这是一种能够在不断变化中随时重建、更新认知体系的能力。阅读，无疑是帮助我们提高这种能力的最佳途径。

在充满不确定性的时代，答案并不总是简单地出现在书本之中。“读万卷书”不仅要亲自阅读、广泛阅读，也需要我们深入探索好书的内部世界，让知识不再局限于书本之中。

湛庐阅读 App：与最聪明的人共同进化

我们现在推出全新的湛庐阅读 App，它将成为您在书本之外，践行终身学习的场所。

- 不用考虑“读什么”。这里汇集了湛庐所有纸质书、电子书、有声书和各种阅读服务。
- 可以学习“怎么读”。我们提供包括课程、精读班和讲书在内的全方位阅读解决方案。
- 谁来领读？您能最先了解到作者、译者、专家等大咖的前沿洞见，他们是高质量思想的源泉。
- 与谁共读？您将加入优秀的读者和终身学习者的行列，他们对阅读和学习具有持久的热情和源源不断的动力。

在湛庐阅读 App 首页，编辑为您精选了经典书目和优质音视频内容，每天早、中、晚更新，满足您不间断的阅读需求。

【特别专题】【主题书单】【人物特写】等原创专栏，提供专业、深度的解读和选书参考，回应社会议题，是您了解湛庐近千位重要作者思想的独家渠道。

在每本图书的详情页，您将通过深度导读栏目【专家视点】【深度访谈】和【书评】读懂、读透一本好书。

通过这个不设限的学习平台，您在任何时间、任何地点都能获得有价值的思想，并通过阅读实现终身学习。我们邀您共建一个与最聪明的人共同进化的社区，使其成为先进思想交汇的聚集地，这正是我们的使命和价值所在。

图书在版编目（CIP）数据

大部屋对齐工作法 /（荷）蒂姆·维格尔(Tim Wiegel) 著；吴舜贤译．— 杭州：浙江教育出版社，2025. 1. — ISBN 978-7-5722-9488-4

Ⅰ. F224.5

中国国家版本馆 CIP 数据核字第 2025H0G532 号

浙江省版权局
著作权合同登记号
图字:11-2024-490号

上架指导：企业管理

大部屋对齐工作法
DABUWU DUIQI GONGZUOFA

［荷］蒂姆·维格尔（Tim Wiegel） 著

吴舜贤　译

责任编辑：刘姗姗
美术编辑：钟吉菲
责任校对：李　剑
责任印务：陈　沁
封面设计：张志浩

出版发行：浙江教育出版社（杭州市环城北路 177 号）
印　　刷：唐山富达印务有限公司
开　　本：720mm ×965mm　1/16
印　　张：17.50　　字　　数：259 千字
版　　次：2025 年 1 月第 1 版　　印　　次：2025 年 1 月第 1 次印刷
书　　号：ISBN 978-7-5722-9488-4　　定　　价：109.90 元

如发现印装质量问题，影响阅读，请致电 010-56676359 联系调换。